Wolfgang Joachim Müller

Heitere Kurzgeschichten

...zum Lesen oder Vorlesen
für Senioren und Kinder

Impressum

Autor
Wolfgang Joachim Müller

Verlag
Joy Edition · Buchverlag, E-Books and more …
D-71296 Heimsheim, www.joyedition.de

Druck
Printsystem GmbH, D-71296 Heimsheim
www.printsystem.de

Buchgestaltung
Miriam Dostal – www.werbungdostal.de

1. Auflage, April 2021

Der Umwelt zuliebe gedruckt auf umweltfreundlichem, chlor- und säurefrei gebleichtem Papier.

ISBN 978-3-948842-13-0

Wolfgang Joachim Müller

Heitere Kurzgeschichten

...zum Lesen oder Vorlesen
für Senioren und Kinder

Joy Edition
BUCHVERLAG and more
BÜCHER · E-BOOKS · KARTEN · MAGAZINE · KALENDER

Inhalt

Das liebenswürdige Pferd

Vor vielen Jahren haben die Krauters ein Ferienhaus an der Costa Brava gekauft. Jeden Sommer verbringen sie dort ihren Urlaub. Im Laufe der Zeit haben sie sich schon einige spanische Redewendungen angeeignet, aber perfekt beherrschen sie die Landessprache noch nicht. Das ist auch gar nicht nötig, denn ihre Nachbarn sind überwiegend Deutsche. Nicht immer gelingt es Herrn und Frau Krauter, sich mit den Einheimischen zu verständigen. Gelegentlich kommt es zu Missverständnissen teils ernster, teils heiterer Art. Von jenen der zweiten Sorte handeln die drei folgenden Geschichten.

Eines Tages fährt Frau Krauter zum Einkaufen in die nahegelegene Kleinstadt. Unterwegs stottert plötzlich der Motor ihres Kleinwagens und verweigert seinen Dienst. Sie stellt das Auto am Straßenrand ab und steigt aus. Hilfesuchend schaut sie sich um. Es dauert nicht lange, da hält ein Lieferwagen. Der Fahrer, ein kräftiger junger Mann in Arbeitskleidung, offenbar ein Handwerker, tritt zu ihr heran. In holprigem Spanisch erklärt ihm Frau Krauter, der Motor ihres Wagens funktioniere nicht mehr. Hilfsbereit, wie die Spanier vor allem Damen gegenüber sind, öffnet der Mann die Motorhaube, dreht an dieser Schraube, rüttelt an jenem Kabel, kontrolliert den Ölstand und die Spannung des Keilriemens. Nach einer Weile springt der Motor wieder an. Anerkennend klopft Frau Krauter dem hilfsbereiten Mann auf die Schulter, drückt ihm fünf Euro in die Hand und sagt:

„Muchas gracias! Usted es un caballo muy amable.“

Der Mann schaut Frau Krauter aus großen Augen an und schüttelt den Kopf. Dann fängt er an zu lachen, denn er hat inzwischen bemerkt, dass die Dame eine Ausländerin ist, die seine Sprache nicht beherrscht. Sie hat das

Wort ‚caballo', das Pferd, mit ‚caballero', dem edlen Reiter, dem feinen Herrn, dem Kavalier verwechselt und sich bei dem jungen Mann folgendermaßen bedankt:

„Vielen Dank! Sie sind ein sehr liebenswürdiges Pferd!"

Eines Tages geht es Frau Krauter gesundheitlich sehr schlecht. Sie leidet unter Magenkrämpfen und Durchfall. Ihr Mann bringt sie in eine nahegelegene Privatklinik, die einen guten Ruf genießt. Zum Schutz vor Betrügern müssen die Patienten bei der Einlieferung ein ‚depósito' hinterlegen. Herr Krauter bezahlt den geforderten Betrag an der Kasse. Sogleich wird seine Frau gründlich untersucht und in ein geräumiges Einzelzimmer gebracht. Die Behandlung beginnt noch am gleichen Tag.

Am nächsten Morgen erscheint der Chefarzt bei Frau Krauter zur Visite. Eine Oberärztin und zwei Krankenschwestern begleiten ihn. Er fragt, wie sich die Patientin fühle und wie es mit den ‚deposiciones' aussehe, womit er den Stuhlgang meint. Frau Krauter hat dieses Wort noch nie gehört, erinnert sich aber, dass ihr Mann bei der Einlieferung ein ‚depósito' einbezahlt hat. Die beiden ähnlich klingenden Begriffe verwechselt sie nun und erklärt in stockendem Spanisch:

„Ayer mi marido a hecho las deposiciones abajo en la caja!", zu deutsch „Gestern hat mein Mann den Stuhlgang unten in die Kasse gemacht."

Schallendes Gelächter ringsum. Frau Krauter kann sich diese Reaktion nicht erklären und wiederholt den Satz mit den ‚deposiciones'. Die Heiterkeit des medizinischen Personals nimmt zu. Der Chefarzt, sonst ein ernster Mann, lacht Tränen. Diese lustige Anekdote spricht sich bald im Krankenhaus herum und verbreitet sich wie ein Virus auch außerhalb des Hauses.

Doch nicht nur Frau Krauter, auch ihrem Gatten passiert ein lustiges Missgeschick. Der Schrank im Wohnzimmer des Ferienhauses muss dringend repariert werden. Dazu braucht er einige kurze, dicke Schrauben. Herr Krauter weiß, ‚kurz' heißt im Spanischen ‚corto' und ‚dick' heißt ‚gordo'. Eigentlich leicht zu merken. Das Wort für ‚Schraube' kennt er allerdings nicht. Also schaut er im Wörterbuch nach. Dort steht schwarz auf weiß: „Die Schraube – la tuerca".

Nun fährt Herr Krauter mit seinem Wagen zu einer ‚ferreteria', einer Eisenwarenhandlung. Unterwegs hat er das spanische Wort für ‚Schraube' vergessen. Er hofft, in dem Geschäft fiele es ihm wieder ein oder es würde irgendwo angeschrieben sein. Doch dem ist nicht so. Als die Verkäuferin ihn fragt, was er denn wünsche, gerät er unter Druck und sagt ohne zu zögern:

„Yo necessito ocho turcos cortos y gordos!" Dabei zeigt er zwischen Daumen und Zeigefinger an, wie lang und wie dick die Schrauben sein sollten. Die Heiterkeit der Leute, die sich im Laden aufhalten, kennt keine Grenzen. So etwas haben sie noch nie gehört. Der Kunde hat das Wort ‚la tuerca' mit dem ähnlich klingenden ‚el turco' verwechselt. Und das heißt ‚der Türke'. Herr Krauter hat also ‚acht kurze, dicke Türken' verlangt und dabei gleichzeitig mit der Hand deren Größe angezeigt.

Leos Rache

Leo war ein Dackelrüde wie aus dem Bilderbuch. Er besaß ein schwarzes, kurzes, wie Seide glänzendes Fell. Kein Mensch konnte seinem treuherzigen Blick widerstehen, wenn er mit seinen bernsteinfarbenen Augen zu ihm aufschaute. Ob Alt oder Jung, alle knieten sich zu Leo nieder und streichelten ihn. Am meisten genoss er die Liebkosungen der Mädchen, und mancher junge Bursche dachte sich: „In meinem nächsten Leben will ich auch ein Dackel sein."

Michael, dessen Eltern Leo einst angeschafft hatten, und sein Freund Roland waren zwei freche Lausbuben. Immer wieder reizten sie Leo bis zur Weißglut. Nagte er in der Küche genüsslich einen Kalbsknochen ab, dann griffen sie mit der Hand in seinen Fressnapf. Leo glaubte, sie wollten ihm seine Leibspeise wegnehmen und knurrte furchterregend. Dann packte Michael das arme Tier am Schwanz und zog es rückwärts über den Fliesenboden. Lange ließ sich Leo das nicht gefallen. Blitzschnell drehte er den Kopf nach hinten und schnappte zu. Doch Michael, der Übeltäter, ließ den Schwanz im letzten Augenblick los, und der Biss ging ins Leere.

Eines Tages kündigte Michaels Mutter an, sie werde in der Stadt einige Besorgungen erledigen. Die Lausbuben erkannten sofort, das sei die Gelegenheit, Leo schlimmer denn je zu reizen. Als könne die Mutter Gedanken lesen, sagte sie beim Weggehen: „Lasst mir bloß den Hund in Ruhe! Ärgert ihn bitte nicht, denn das ist richtig gemein. So ein Tier kann sich doch gar nicht wehren!" Michael und Roland nickten, als wollten sie die Bitte der Mutter befolgen. Doch weit gefehlt! Kaum war die Haustüre ins Schloss gefallen, da zogen die beiden Lausbuben Leo wieder am Schwanz durch die Küche. Lange ließ sich der arme Hund das nicht gefallen. So schnell es seine kurzen Beine erlaubten, rannte er ins Wohnzimmer und versteckte sich unter dem Schrank. „Endlich hab' ich meine Ruhe", dachte er und streckte sich aus. Doch Michael und Roland waren ihm gefolgt. Sie knieten sich vor dem Schrank nieder. Jedes Mal, wenn sie unter das

Möbel schauten, fing Leo an zu knurren. Standen sie auf, beruhigte er sich wieder. Nun kam Michael auf die Idee, wie man das üble Spiel auf die Spitze treiben könnte. Er holte den Schrubber aus der Besenkammer. Mit den Borsten voraus schob er diesen unter den Schrank. Je mehr sich das Ende des Schrubbers Leo näherte, desto wütender knurrte er. Zog man den Schrubber wieder zurück, ließ das Knurren nach. Michael und Roland fanden das sehr lustig, denn so konnte man wie bei einem Radio oder Fernseher die Lautstärke verändern. Schließlich drückte Roland dem verängstigten Hund den Schrubber ins Bauchfell. Er biss nicht zu, denn er wusste wohl, die Borsten hätten sein empfindliches Maul verletzt. In höchster Not jagte der Dackel nun unter dem Schrank hervor und biss Michael mit voller Kraft in die Wade. Blut quoll aus der Wunde und tropfte auf den Teppichboden. Während Michael mit dem Taschentuch die Verletzung abtupfte, ging Roland ins Bad und holte eine Wundunterlage, eine Binde und das Desinfektionsmittel aus dem Verbandskasten. Als er seinen Kameraden versorgte, dachte er noch:

„Um Himmels Willen, wenn jetzt die Mutter nach Hause kommt!“

Doch schon hörte man, wie ein Schlüssel ins Schloss gesteckt wurde. Im nächsten Augenblick stand Michaels Mutter im Wohnzimmer. Sie wusste sofort, was geschehen war. Ärgerlich schimpfte sie:

„Ihr braucht gar nicht versuchen, euch herauszureden! Ich weiß schon, ihr habt Leo wieder geärgert! Und dir, Michael, geschieht es gerade recht, dass er dich gebissen hat! Ich hoffe, das wird dir eine Lehre sein. Und hör‘ auf mit diesem wehleidigen Gejammer! Und außerdem, ein echter Tierfreund macht solche Gemeinheiten nicht! Ihr beiden seid üble Tierquäler! Und du, Roland, gehst jetzt am besten sofort nach Hause. Ich will dich hier nicht mehr sehen!“

Während Roland kleinlaut das Haus verließ, schleppte sich Michael hinkend zum Sofa. Dort legte er sich nieder und starrte mit leerem Blick zur Decke. Schlimme Schmerzen plagten ihn. Hinzu kamen noch die Gewissensbisse. Aus Leos Leiden waren Michaels Leiden geworden. Mit Tränen in den Augen schwor er sich: „Wir werden Leo nie mehr ärgern!“

Der Schwabe und die Sizilianerin

Hubert Zimmermann arbeitet als Lehrer an einem Gymnasium. Er unterrichtet die Fächer Geografie und Geschichte. Seine Schüler nennen ihn liebevoll ‚Hubi‘. Wie viele intellektuelle Männer verhält er sich Frauen gegenüber sehr zurückhaltend, bisweilen sogar ungeschickt. Obwohl er nicht gut tanzen kann, besucht er regelmäßig ein Tangostudio. Ihm gefallen die Musik und die besondere Atmosphäre. Oft sitzt er den ganzen Abend als männliches Mauerblümchen alleine an der Längsseite des Saales und trinkt ein Glas Sekt. Keine Dame fordert ihn auf. Seinerseits die Initiative zu ergreifen, dazu ist er zu schüchtern.

Eines Abends wendet sich das Blatt. Nicht weit von ihm entfernt sitzt eine südländische Schönheit. Sie unterhält sich lebhaft mit den Leuten am Tisch. Mal tanzt sie mit dem einen, mal mit dem anderen Partner. Offenbar ist sie ohne Begleitung gekommen. Allzu gerne hätte Hubert die junge Frau zum Tanz aufgefordert. Doch er getraut sich nicht, denn er fürchtet, sich einen Korb einzuhandeln. Da er nicht gut tanzen kann, mangelt es ihm zudem an Selbstvertrauen. Also bleibt er sitzen. Ab und zu schaut er unauffällig zu der Frau hinüber. Völlig unerwartet dreht sie sich zur Seite und schaut Hubert an. Dabei fällt ihre Stola zu Boden, die sie locker über die Stuhllehne gehängt hat. Kurzerhand steht Hubert auf, läuft zu der Dame hin, bückt sich und gibt ihr die Stola. Sie bedankt sich und fängt spontan ein Gespräch an.

„Wie ich sehe, sitzen Sie dort drüben ganz alleine an der Wand. Warum tanzen Sie eigentlich nicht? Es sind doch hier so viele Damen, die gerne von einem so netten jungen Herrn wie Ihnen aufgefordert werden würden."

Hubert ist platt. Er will antworten, doch schon entführt ein anderer Mann die Frau, die ihn so locker angesprochen hat, auf die Tanzfläche. Traurig kehrt Hubert an seinen Platz an der Wand zurück. Wieder sitzt er einsam und alleine da und beobachtet die Paare, die elegant übers Parkett schweben. Er findet sich damit ab, dass es wie immer beim Zuschauen bleiben wird. Hubert verfolgt, wie die Frau, die ihm so gefällt, an ihren Tisch zurückkehrt und sich angeregt unterhält. Als erneut die Musik erklingt, erhebt sie sich, geht zu Hubert hin und fordert ihn zum Tanz auf. Hubert erschrickt.

„Ich kann doch gar nicht gut tanzen. Ich denke, mit mir werden Sie keinen Spaß haben", sagt er bescheiden.

„Natürlich können Sie tanzen!", erwidert die Dame. „Es sind doch nur vier Schrittchen."

Als Hubert immer noch zögert, ergreift sie einfach seine Hand und führt ihn aufs Parkett. Vor lauter Aufregung stellt sich Hubert noch ungeschickter an als gewöhnlich. Mehrmals tritt er der Partnerin auf den Fuß. Das ist ihm peinlich. Mit zitternder Stimme entschuldigt er sich.

„Das macht doch gar nichts!", entgegnet die Dame. „Nur weiter! Sie machen schon große Fortschritte. Es stimmt gar nicht, dass Sie nicht tanzen können. Es macht mir wirklich Spaß, mit Ihnen zu tanzen. Im Übrigen wollte ich Sie fragen, ob wir uns hinterher nicht ein wenig unterhalten können."

Hubert freut sich. Natürlich hat er nichts dagegen. Als der Tanz zu Ende ist, folgt ihm die südländische Schönheit und setzt sich auf den freien Stuhl neben ihm. Nun können die beiden ungestört miteinander sprechen. Da niemand mithören kann, taut Hubert allmählich auf. Er erfährt, dass die junge Dame Violetta heißt und aus Palermo stammt. Sie ist also Sizilianerin. Das gefällt ihm. Im Unterricht hat er nämlich erst vor kurzem die Epoche der Staufer behandelt. Als Hubert erzählt, dass er Geschichte unterrichtet, meint sie:

„Das passt ja gut zusammen! Ich arbeite nämlich seit einem Monat als Volontärin im ‚Haus der Geschichte'. Es gibt so viele Verbindungen zwischen dem Schwabenland und Sizilien. Ich denke dabei vor allem an Friedrich II oder ‚Federico Segundo', wie wir sagen. Sein Sarkophag steht im Dom von Palermo. Er war ein starker Kaiser, der viel für sein Reich getan hat."

Hubert stimmt zu und fügt an: „Seine Vorfahren stammten aus dem Schwabenland. Ich kenne all die Burgen, die von den Staufern erbaut wurden… das Wäscherschloss, die Burgen Hohenstaufen und Staufeneck…und natürlich auch die Grablege im Kloster Lorch. Man kann diese Orte bequem von hier aus erreichen. Waren Sie schon dort?"

Violetta verneint. Gerne möchte sie diese geschichtsträchtigen Orte besuchen und fragt Hubert, ob man nicht gemeinsam hinfahren könne. Wieder ist Hubert überrascht. Diese Aufgeschlossenheit, diese spontane, temperamentvolle Art mag er. Also vereinbaren die beiden einen Termin für die folgende Woche.

Auf der Fahrt durch das Remstal gehen Violetta und

Hubert zum vertraulichen ‚Du‘ über. Da sie den Klang seines Namens etwas hart findet, meint er, sie dürfe auch ‚Umberto‘ zu ihm sagen. Unterwegs kommen sie auf die Vorlieben und Schwächen des Friedrich alias Federico zu sprechen.

„Als Kaiser hatte er natürlich nicht nur eine, sondern viele Frauen und unzählige Nachkommen“, meint Violetta. „Als ich dich zum ersten Mal im Tangostudio sah, da dachte ich, irgendwie kommt mir der Mann bekannt vor. Womöglich stammen wir beide von Friedrich II ab, sind sozusagen Vetter und Cousine. Du, ein sizilianischer Schwabe, und ich, eine schwäbische Sizilianerin.“ Als Hubert dieses Wortspiel hört, muss er herzhaft lachen.

Für Violetta und Hubert ist es das reinste Vergnügen, die historischen Stätten der Stauferzeit zu besuchen und über die Geschichte des Geschlechts zu sprechen. Violetta schlägt vor, sie könne ihm die staufischen Baudenkmäler in Süditalien zeigen. Hubert ist einverstanden. Also verbringen die beiden den folgenden Urlaub in Violettas Heimat. Er bewundert Palermo und das prächtige Kloster Monreale, die monumentale Festung ‚Castel del Monte‘ in Apulien und weitere Burgen aus der Zeit der Staufer. Aber noch mehr bewundert er natürlich Violetta, der er an jenem denkwürdigen Abend im Tangostudio fast einen Korb gegeben hätte.

Eine Traumgeschichte

Als ich am Abend in meiner schlichten Unterkunft müde ins Bett sank, fiel ich bald in einem tiefen Schlaf, der mir einen seltsamen Traum bescherte. Ich befand mich im tiefen Süden Marokkos. Dort besichtigte ich die eindrucksvollen Lehmburgen und zauberhaften Oasengärten.

Ausgerüstet mit einem großen Wasserkanister und einem Sack voller Fladenbrote wanderte ich hinaus in die Wüste. Dummerweise verlor ich meine Landkarte. So irrte ich stundenlang unter sengender Sonne zwischen hohen Sanddünen umher. Am späten Nachmittag traf ich auf eine Fußspur.

„Das ist die Rettung!“, dachte ich. „Hier ist bestimmt ein Beduine unterwegs gewesen. Die Spur wird mich zu seinem Zelt führen“, dachte ich und folgte voller Hoffnung den Abdrücken im Sand. Nach einiger Zeit sah ich die Spur doppelt. Zuerst fürchtete ich, es sei die Hitze, die eine Halluzination hervorrief. Doch dann erkannte ich, es handelte sich um meine eigenen Spuren. Ich war also im Kreis gegangen.

Inzwischen war die Nacht angebrochen. Ich legte mich in den Sand, aß ein Stück Fladenbrot und trank Wasser aus dem Kanister. Über mir wölbte sich ein Sternenhimmel von einzigartiger Pracht. Der Anblick brachte mich auf eine Idee.

„Wenn du morgen wieder so kopflos durch die Gegend rennst, wirst du nie mehr aus diesem Sandmeer herauskommen. Du musst dich an den Sternen orientieren. Die werden dir in der Nacht den Weg weisen“, sagte ich mir.

Gedacht, getan. Ich stand auf und wanderte immer in östlicher Richtung auf die hell leuchtende Venus zu. Nach einigen Stunden zeigte sich am Horizont ein zarter Lichtschein. Lag dort etwa eine Stadt? War das eine Fata Morgana? Aber nein, es war die Sonne, die bald aufging. Kaum war der rötliche Feuerball über den Dünen aufgestiegen, wurde es unerträglich heiß. Die Luft flimmerte. Der Sand glühte. Meine Füße brannten. Ich konnte nicht mehr weiterlaufen. Ich dachte schon, mein Ende sei gekommen. Doch plötzlich erschien ein kleines Männchen, angetan mit weißem Burnus. Sein grauer Vollbart reichte bis zur Brust herunter. Ein hoher, spitzer Hut wies ihn als Zauberer aus. Seine dunklen Augen blitzten unter den buschigen Brauen. In Hand hielt er einen blauen Stein.

„Ich will dir helfen“, sagte das Männchen. „Reibe diesen Lapislazuli, und schon kannst du dich selbst auf deinem Rücken tragen.“

„Prima, aber wie kann ich wieder absteigen?“, fragte ich den Zauberer.

„Ganz einfach, du reibst den Stein noch einmal, und schon bist du unten. Ich schenke ihn dir. Aber pass gut auf, dass du ihn nicht verlierst!“

Das war die Rettung. Ich handelte wie geheißen, und im nächsten Augenblick stand ich hinter mir. Ich kletterte an meinem Rücken hinauf und setzte mich auf meine Schultern. Es war herrlich, in luftiger Höhe durch die Wüste zu reiten und den Rundblick zu genießen. Meine Füße schmerzten nicht mehr. Mein Kopf kühlte ab. Auch brauchte ich nun den schweren Wasserkanister nicht mehr zu tragen. Den Sack mit dem Fladenbrot legte ich auf meinen Kopf. Er schützte mich vor den sengenden Strahlen der Sonne. Zu später Stunde wollte ich von mir heruntersteigen, aber – o Gott! – ich hatte den Stein verloren! Ein gutes Stück lief ich auf meiner Fußspur zurück und wühlte an verschiedenen Stellen im Sand. Es war vergeblich. Ich konnte den Stein nicht finden. So kam ich nicht mehr von mir herunter. Zunächst war ich verzweifelt, doch mit der Zeit gewöhnte ich mich an meinen ungewöhnlichen Zustand.

Ungefähr drei Wochen lang ritt ich auf mir in östlicher Richtung. Plagte mich der Durst, reichte ich mir den Wasserkanister herauf. Bekam ich Hunger, griff ich in den Sack auf meinem Kopf und aß ein Stück Fladenbrot. Am zweiundzwanzigsten Morgen sah ich in der Ferne drei gleichmäßig geformte Bergspitzen aus dem Sandmeer aufragen. Da ich als Schüler im Erdkundeunterricht stets gut aufgepasst hatte, wusste ich sofort, das konnten nur die Pyramiden von Gizeh sein. Nicht lange, da tauchten auch schon prächtig geschmückte Moscheen mit schlanken Minaretten und kunstvoll verzierten Kuppeln auf. Ich war in der märchenhaften Stadt Kairo angekommen. Kaum hatte ich das Stadttor passiert, umringte mich eine vieltausendköpfige Menschenmenge. Alle Augen waren auf mich gerichtet. Zunächst fand ich dafür keine Erklärung, doch dann fiel mir ein, dass ich auf mir selbst saß. Ein stattlicher Mann mit nach oben gezwirbeltem Oberlippenbärtchen trat zu mir heran, sagte ‚salem aleikum' und schüttelte mir die Hand. Er war der Direktor des berühmten Zirkus Mubarakelli. Begeistert von meinen Reitkünsten, bot er mir sogleich ein Engagement an. Zwanzig Pfund wollte er mir für einen Auftritt geben. Meinte er damit Datteln oder Feigen? Was sollte ich mit so vielen Früchten anfangen? Nun hatte zufällig der Chef der Nationalbank unser Gespräch verfolgt. Er erklärte mir, die Währung seines Landes sei das ägyptische Pfund, und 1 Pfund entspreche 100 Euro. Ich überlegte nicht lange und unterschrieb den Vertrag, den mir der Zirkusdirektor unter die Nase hielt. Von diesem Tag an trat ich siebenmal in der Woche im Zirkus Mubarakelli auf. Die Vorstellung war jedes Mal ausverkauft, denn alle wollten sehen, wie der Artist aus Deutschland auf sich selbst ritt. Binnen eines Jahres wurde ich ein reicher, stadtbekannter Mann. Vom besten Architekten des Landes ließ ich mir am Nilufer eine fürstliche Villa mit Blick auf die Pyramiden bauen. Ein Schreiner zimmerte mir ein Bett in Überlänge, so dass ich unter meinem Baldachin bequem schlafen konnte. Ägypten wurde mir zur neuen Heimat. Nach Deutschland kehrte ich nie mehr zurück, denn die

Leute hätten mich wohl ausgelacht, wenn ich auf meinem Rücken dahergekommen wäre.

Als am frühen Morgen des nächsten Tages die Sonnenstrahlen durch die Lamellen der Fensterläden fielen, merkte ich, dass ich mich in Deutschland in meiner schlichten Wohnung befand. Mit Erleichterung stellte ich fest, dass ich nicht mehr auf meinem Rücken saß. Schmunzelnd dachte ich: „Kaum zu glauben, welch unsinnige, verrückte Geschichten dir manchmal deine Träume bescheren.“

Frühling auf dem Stuttgarter Schlossplatz

Der Kalender zeigte den siebten Februar. Ein erstes Frühlingserwachen kündigte sich an. Nach einer frostigen Nacht bedeckte Reif das Gras, die Dächer der Häuser und die Scheiben der Autos. Kaum streiften die ersten Sonnenstrahlen das Land, wurde es rasch wärmer. Die Temperatur stieg auf 12 Grad im Schatten an. In der Sonne erreichte sie fast die 20-Grad-Marke. Dieser Tag war wahrhaftig zu schade, um am Computer zu sitzen und eine Geschichte zu schreiben. Also machte ich mich auf den Weg zur Stuttgarter Innenstadt. Unter mächtigen Bäumen, deren Äste noch kahl in den Himmel ragten, lief ich durch den Silberwald bis zur ‚Stelle‘. Während des Abstiegs durch die Dobelklinge sah ich die Stadt wie auf einem mittelalterlichen Stich unter mir im Tal liegen. Als ich unten im Kessel durch die Rosenstraße schlenderte, kam ich an der Weinstube Stetter vorbei. Wie viele Abende hatte ich in diesem legendären Lokal mit Freunden und Bekannten in geselliger Runde verbracht. Einige von ihnen waren schon verstorben. Ein halbes Jahrhundert war vergangen, seit ich, damals noch nicht verheiratet, mit meiner Frau in der gemütlichen Stube saß. So Vieles hatte sich verändert, aber das ‚Stetter' gab es immer noch wie eh und je.

Nach etwas mehr als einer Stunde kam ich im Stadtzentrum an. Ein strahlend helles Licht lag über dem Schlossplatz. Viele Menschen bevölkerten das weite Geviert, genossen die wärmenden Sonnenstrahlen, erfreuten sich an dem Frühlingserwachen. Es herrschte eine fröhliche Aufbruchsstimmung. Eine geraume Weile suchte ich vergeblich nach einer Sitzgelegenheit. Schließlich entdeckte ich auf einer Bank neben einem Mann und einer Frau, beide mittleren Alters, noch zwei freie Plätze. Höflich, viel zu höflich, wie mir später bewusst wurde, fragte ich, ob ich mich zu ihnen setzen dürfe.

„Nein, da kommt noch jemand", erwiderte die Frau in barschem Ton.

Dreimal umrundete ich den Schlossplatz. Noch immer fand ich alle Bänke belegt. Das unfreundliche Verhalten der Frau ärgerte mich ein wenig. Also nahm ich einfach neben ihr Platz und erklärte:

„Wissen Sie was? Ich setz' mich jetzt einfach zu Ihnen, und wenn dieser ‚Jemand' kommt, stehe ich sofort auf."

Die Frau reagierte unfreundlich. Sie giftete: „Sie stören uns hier. Wir führen gerade ein wichtiges Gespräch."

„Das ist nicht Ihre Privatbank!", erwiderte ich entschieden. „Gehen Sie doch rüber ins Café Königsbau! Dort gibt es ein Separee, wo Sie Ihre geheimen Gespräche ungestört führen können. Ich bleibe hier sitzen und lese die Zeitung. Was Sie miteinander reden, interessiert mich sowieso nicht."

Der Mann gab mir Recht. Eine Weile stritt er mit der

Frau herum. So konnte ich mich nicht auf meine Lektüre konzentrieren. Bald wurde auf einer Bank in der Nähe ein Platz frei. Nach dem Motto ‚Der Klügere gibt nach' stand ich auf und setzte mich rüber. Erneut wurde ich beim Lesen gestört, denn ein ungepflegter Mann neben mir vertilgte schmatzend aus einem Pappkarton ein chinesisches Nudelgericht. Zwischendurch schaute ich mich um. Auf meinem vorhergehenden Platz saß nun eine gepflegte Dame. Es schien, als fühle sich das Paar durch sie bei seinen Gesprächen gestört. Nicht lange, da standen die beiden auf und entfernten sich. Da mich das Benehmen meines Nebenmannes zunehmend nervte, ging ich zu der Dame hinüber und fragte betont höflich:

„Bitte, ist dieser Platz noch frei?"

„Aber selbstverständlich! Diese Bank ist doch für alle da", erwiderte sie.

Da mich die Frau so freundlich empfing, nahm ich dies zum Anlass, ein Gespräch zu beginnen.

„Sie werden es kaum glauben, ich habe soeben etwas Komisches erlebt. Neben Ihnen saßen doch ein Mann und eine Frau, und wo Sie jetzt sitzen, saß ich."

Ich erzählte ihr nun die Geschichte von Anfang an. Die Dame lachte und meinte:

„Ich finde es sehr gut, dass Sie sich zuerst durchgesetzt und dann nachgegeben haben."

„Und wie sind Sie zu diesem Platz gekommen?", fragte ich.

„Ganz einfach! Die Frau hat mich so böse angeschaut. Da habe ich mich ohne zu fragen einfach hingesetzt. Das hat ihr wohl nicht gefallen. Sie hat geschimpft und ist samt ihrem Begleiter bald weggegangen."

Nun lachten wir alle beide. Nach einer Weile verabschiedete sich die Dame und kehrte zu ihrer Arbeitsstelle bei der Deutschen Bank zurück. Ich dagegen blieb sitzen, las meine Zeitung und genoss die wärmenden Strahlen der Frühlingssonne.

Bayer, Sachse und Schwabe

Ich halte Dialekte für ein wertvolles Kulturgut. Sie sind mehr als ein Verständigungsmittel. Sie sind Ausdruck eines Lebensgefühls. Ich denke dabei an das selbstsichere Auftreten der Bayern oder die geschliffene Sprache der Niedersachsen, die schnodderige ‚Berliner Schnauze' und den gemütlich klingenden Tonfall der Pfälzer. Für mich gibt es keinen hässlichen Dialekt. Wer das Sächsische ablehnt, sollte sich überlegen, wie sein eigener Dialekt klingt. Manche Leute behaupten, Dialekte stünden dem Hochdeutschen im Wege. Ich bin anderer Meinung. Sprachwissenschaftler können beweisen, dass Goethe Hessisch und Schiller Schwäbisch sprach. Im Vergleich zur Schriftsprache sind Dialekte wortgewaltiger und emotionaler. Als Lehrer machte ich oft die Erfahrung, dass Ermahnungen auf Schwäbisch viel mehr bewirkten als auf Hochdeutsch.

Ich habe das Glück, dass mein Vetter Gerd in Bayern und mein Vetter Horst in Sachsen lebt. Oft besuchte ich Gerd in München, doch eines Tages zog er in einen Vorort westlich der Stadt um. Ohne Navigationsgerät war es schwierig, sein neues Zuhause in der Gröbenzeller Straße zu finden. Eine Weile kurvte ich ziemlich orientierungslos durch ein Wohnviertel. Schließlich entdeckte ich einen gelb-schwarzen Wegweiser mit der Aufschrift ‚Gröbenzell 2 km'. Da konnte es zur Gröbenzeller Straße nicht mehr weit sein, dachte ich. Ich fuhr noch ein kurzes Stück weiter, da sah ich einen alten Mann, der gerade mit seinem BMW aus seiner Garage fuhr. Rasch stieg ich aus und fragte:

„Bitte, kennet Se mr sage, wo do d' Gröbazeller Stroß isch?"

„Dös woaß i nöt. Gröbnzeller Stroßn? Gröbnzeller Stroßn? Kruzifix noch amol, jetzt wohn i scho fuffzg Joahr do, aber wo d' Gröbnzeller Stroßn is, dös woaß i nöt."

Ich schaute mich um. Keine fünfzig Meter vom Haus des alten Mannes entfernt sah ich ein Straßenschild. Dort stand schwarz auf weiß ‚Gröbenzeller Straße'. Als ich meinen Gesprächspartner darauf hinwies, fiel er aus allen Wolken und stammelte:

„Fixluja noch amol! Dös Schild siag i heit zom erschde Mol!"

Zwei Minuten später empfingen mich mein Vetter Gerd und seine Frau in ihrer Wohnung. Als ich ihnen die Geschichte von dem alten Bayern erzählte, lachten wir herzhaft.

Am nächsten Tag fuhren wir nach Maisach, wo ein Maibaum aufgestellt werden sollte.

„Dös muaßt g'sehn hom!", meinte Gerd. „Dös moch'n dia no wie frieher mit Armschmolz."

Als wir in Maisach ankamen, hatte sich bereits eine große Menschenmenge im Ortszentrum versammelt. Viel Bier rann die Kehlen hinunter. Eine Unmenge Weißwürste wurde verzehrt. Im Publikum entdeckte ich viele Frauen in bayerischer Tracht. Passend dazu trugen die Männer Lederhosen, Trachtenjanker, Wadenstrümpfe, Haferlschuhe und Hüte mit Gamsbart. Endlich kündigten sechs Waldhornbläser an, dass nun der Maibaum aufgestellt werden sollte. Ich fragte mich, wie man die riesige Fichte ‚mit Armschmolz' anheben konnte. Alles wartete gespannt darauf, wie die kräftigen Männer, die schon lange bereitstanden, endlich zupackten. Plötzlich fuhr ein Kranwagen vor. Innerhalb von fünf Minuten war der Maibaum aufgestellt. Von Armschmalz keine Spur. Mein Vetter Gerd stand leicht bedröppelt da. Mein Bild von den Bayern hatte einen weiteren Kratzer bekommen.

Nach meinem Besuch bei Gerd fuhr ich weiter zu Horst nach Leipzig. Sein sächsischer Dialekt gefiel mir sehr. Jedes Mal, wenn er mir zustimmte, sagte er ‚Nu freilisch'.

„Merksch du eigentlich net, dass du emmer ‚nu freilisch' sagsch?", zog ich ihn auf.

„Nu freilisch sag' ich ‚nu freilisch'!", erwiderte Horst, und wir mussten lachen.

Nach dem Kaffeetrinken fragte ich Horst: „Soviel i woiß, isch Leipzich a ganz interessande Stadt. Wie wär's, wemmer ens Zentrum fahret, on du zeigsch mir älles?"

„Nu freilisch hab' ich Lust, mit dir de Stadt anzugucken!", erwiderte Horst.

Also fuhren wir mit der Bahn ins Zentrum von Leipzig. Am Marktplatz begannen wir unseren Rundgang.

„Du ‚sag' amol, isch dort driebe net dr Auerbachs Keller, den schon dr Geede en seim ‚Fauschd' erwehnt hot? Ond dort henda seh i d' Thomaskirch. Dort isch doch dr Bach Kantor gwesa."

„Nu, da gennst de dich obr in Lääpzisch gut aus, mein Lieber", lobte mich Horst.

Wir liefen weiter zur Nikolaikirche. Als ich erwähnte, dass sich hier wagemutige Dissidenten gegen das DDR-Regime aufgelehnt hatten, kommentierte das Horst wieder mit ‚Nu freilisch'. Ein paar Schritte weiter trafen wir auf ein zierliches Gebäude mit schmucker Fassade.

„Du, Horschd, was isch denn des fir a Haus? Des isch abber schee!", schwärmte ich.

„Nu freilisch“, meinte Horst. „Leider bin ich jetzt ieberfrocht.“

„Woisch was, des isch die ‚Alte Börse‘“, belehrte ich den Vetter.

„Ei verbibsch, da gennste dich jo in Lääpzisch besser aus als ich sälber.“

„Mei Liaber, du wirsch’s ned glaube, i han vorher em Reisefihrer nochguckt ond des Fodo g’seha.“

Ich zeigte Horst das Bild in meinem Reiseführer. Darunter stand ‚Alte Börse‘.

„Nu, do haste mich ober ganz scheen reingelegt! Du bist mir so ein Schlawiner!“, meinte Horst.

„Nu freilisch, Horst, das hoste richdisch ergannt!“, ahmte ich Horsts sächsischen Dialekt nach.

Der kleine grüne Kaktus

Frau Eberle ist Witwe und bezieht nur eine kleine Rente. Ihr Mann ist schon vor vielen Jahren gestorben. Oft geht sie zum Friedhof und besucht sein Grab. Da sie nicht genug Geld hat, um Pflanzen und Gestecke zu kaufen, pflückt sie während der warmen Jahreszeit Blumen auf der Wiese und bindet sie zu einem Strauß. Damit schmückt sie die Ruhestätte ihres Mannes. Im Winter schneidet sie von den Beerensträuchern Zweige ab und gestaltet dekorative Kränze. Diese trägt sie zum Friedhof oder verschenkt sie an Menschen, die ihr nahestehen. Da ihre Ehe kinderlos geblieben ist, lebt sie alleine in ihrer kleinen Wohnung. Dennoch fühlt sie sich nicht einsam, denn sie kennt viele Leute aus der Nachbarschaft, die sich gerne mit ihr unterhalten. Auch zu Hause wird es ihr nie langweilig. Sie beschäftigt sich mit Handarbeiten oder liest ein Buch. Gerne würde sie sich auch kreativ betätigen, Bilder malen oder wie eine Gärtnerin Pflanzen ziehen. Doch sie denkt, dazu sei sie nicht in der Lage.

Frau Eberle bereitet ihre Mahlzeiten immer selbst zu. Die Zutaten kauft sie auf dem Markt. Dort gibt es frische, hochwertige Produkte. Die Verkäuferinnen kennen sie schon und freuen sich, wenn sie kommt. Auch trifft sie häufig Bekannte, mit denen sie sich gerne unterhält. Heute möchte sie zum Mittagessen einen kräftigen Eintopf kochen. Am Gemüsestand kauft sie Kartoffeln, Karotten, Sellerie, Lauch und Petersilie. Bevor sie nach Hause geht, schaut sie sich noch auf dem Markt um. Am Blumenstand bewundert sie die bunten Sträuße. Früher hat ihr der Ehemann öfters Rosen, Tulpen oder Nelken geschenkt. Gerne hätte sie einen Strauß gekauft, aber dafür reicht ihr Geld nicht. Als sie bereits nach Hause gehen möchte, entdeckt sie zwischen den Pflanzen einen kleinen, grünen Kaktus, der ihr gefällt. Er kostet 1,29 Euro. Eigentlich wenig, doch für Frau Eberle zu viel. Eine Weile überlegt sie noch. Soll sie ihn kaufen oder nicht? Schließlich ringt sie sich durch und nimmt ihn mit. Glücklich trägt sie den Kaktus nach Hause. Dort stellt sie ihn auf die Fensterbank.

Wochenlang pflegt Frau Eberle liebevoll ihren Kaktus. Sie weiß, er darf nur selten gegossen werden und braucht viel Licht und Wärme. Am passenden Standort entwickelt er sich gut, wird größer und größer. Und eines Tages, siehe da, entdeckt Frau Eberle zwischen den Stacheln mehrere kleine rote Blüten. Aus ihnen werden längliche Früchte, die allmählich heranreifen. Neugierig öffnet Frau Eberle eine Kapsel. Dutzende kleiner Samen fallen heraus. Was soll sie mit ihnen anfangen? Sie wegwerfen? Nein, das möchte sie nicht. Da fällt ihr ein, sie könnte aus den Körnchen kleine Kakteen ziehen. Auf dem Markt bekommt sie Pflanzschalen geschenkt, die der Gärtner nicht mehr braucht. Die Kakteensamen streut sie in die feuchte Erde. Bald beginnen sie zu keimen und unzählige Pflänzchen wachsen heran. Frau Eberle setzt die Keimlinge in Töpfe um. Aus rotem Stoff bastelt sie kleine Marienkäfer. Diese befestigt sie an einem Zahnstocher und steckt sie in die Erde. An einer Straßenkreuzung in der Nähe ihrer Wohnung bietet Frau Eberle ihre Kakteen zum Kauf an. Die kleineren für einen Euro, die größeren, die bereits blühen, zum doppelten Preis. Die Leute bleiben stehen. Viele kaufen ihr eine Pflanze ab. Vor allem den Kindern gefallen die Kakteen und sie geben dafür gerne ihr Taschengeld aus. So macht Frau Eberle vielen Menschen eine Freude und nimmt nebenbei Woche für Woche einen ansehnlichen Betrag ein. Nun kann sie sich auch Fleisch für ihren Eintopf leisten und das Grab ihres Mannes mit Blumen schmücken. Zuhause betätigt sie sich stundenlang kreativ, indem sie Marienkäfer bastelt und Kakteen züchtet. Der kleine grüne Kaktus hat ihr Glück gebracht.

Ostereiersuche

Das Osterfest steht vor der Tür. Herr und Frau Schuster wollen ihren Kindern Svea, sieben Jahre alt, und Jannik, vier Jahre alt, eine ganz besondere Freude bereiten. Schon einige Tage vor dem Fest kaufen sie beim Bauern zwei Dutzend Eier. Diese kochen sie und bemalen sie mit Frühlingsmotiven. Mit Mühe gelingt es Herrn Schuster, einen Marienkäfer zu gestalten, den man als solchen erkennen kann. Seine Frau dagegen ist künstlerisch begabt und verziert einige Eier mit kleinen Osterhasen.

Die Schusters bewohnen eine hübsche Villa im Grünen draußen auf dem Land. Ein großer Garten umgibt das Haus. Frau Schuster schlägt vor, man könnte in diesem Jahr die Eier im Garten verstecken und die Kinder suchen lassen. Vorausgesetzt natürlich, das Wetter spiele mit. Ihrem Mann gefällt die Idee.

Die Schusters haben Glück. Am Ostersonntag herrscht strahlendes Frühlingswetter. Es ist so warm, dass man sich in Sommerkleidung im Freien aufhalten kann. Bevor die Kinder aufwachen, versteckt Herr Schuster die Eier an verschiedenen Stellen im Garten. Seine Frau schmückt derweil auf der Terrasse den Frühstückstisch mit selbstgebackenen Osterhasen, Krokant-Eiern und Fondant-Hühnchen. Bald erscheinen Svea und Jannik. Mit großen Augen bestaunen sie die schöne Tischdekoration. Während alle mit Genuss ihr Frühstück verzehren, deutet Herr Schuster plötzlich mit dem Finger zum Gebüsch und ruft:

„Habt ihr ihn gesehen? Dort drüben ist eben der Osterhase durchs Gras gehoppelt."

„Wo? Wo war er?", rufen die Kinder ganz aufgeregt.

„Er ist dort hinten aus dem Gebüsch gekommen und eine Weile unter dem Kirschlorbeer gesessen. Vielleicht hat er hier seine Eier versteckt. Dann ist er an den Blumenbeeten entlanggelaufen und im Grundstück von unseren Nachbarn verschwunden."

„Warum hast du das nicht gleich gesagt, Papi?", begehrt Svea auf.

„Weil ich ihn nicht erschrecken wollte. Er hätte dann keine Eier abgelegt!", erklärt Herr Schuster. Svea ist zufrieden.

„Und wie hat er ausgesehen?", möchte Jannik wissen.

„Sein Fell war am Rücken braun, am Bauch weiß. Er war etwas kleiner als der Hund von unseren Nachbarn. Manchmal ist er stehen geblieben und wie ein Känguru auf seinen Hinterbeinen gehockt. Seine Ohren sind steil nach oben gestanden. Auf dem Rücken hat er einen großen Korb getragen. Wenn ich richtig gesehen habe, waren darin viele bunte Eier. Bestimmt hat er auch für euch welche im Garten versteckt."

Die Kinder hält es nicht länger auf ihren Stühlen. Sie stürmen in den Garten und beginnen zu suchen. Schon hat Svea ein Ei gefunden. Sie bringt es den Eltern, die immer noch am Frühstückstisch sitzen und sich über den Eifer ihrer Sprösslinge freuen.

„Schaut, wie schön das Ei ist!", ruft Svea. „Hier hat der Osterhase eine Biene gemalt, die um einer Blüte surrt!"

„Ja, der Osterhase ist ein großer Künstler", erklärt Herr Schuster und schaut dabei seine Frau mit einem Augenzwinkern an. „Niemand kann so schön malen wie er!"

Frau Schuster freut sich über das versteckte Kompliment. Im nächsten Augenblick kommt Jannik angerannt. Er hat gleich zwei Eier gefunden.

„Mama schau! Papa schau!", ruft er. „Hier hat sich der Osterhase selbst gemalt und ein Marienkäfer sitzt neben ihm im Gras!"

Immer wieder bringen Svea und Jannik Ostereier zu den Eltern. Ihre Mutter legt sie in einen Korb, der etwas versteckt zwischen den Stühlen steht. Allmählich füllt er sich. Die Kinder brauchen lange, bis sie wieder ein Ei finden. Bald suchen sie vergeblich. Darüber sind sie sehr traurig. Das Ostereiersuchen hat ihnen so viel Spaß gemacht. Da hat Herr Schuster eine Idee.

„Kinder, ich habe gesehen, wie der Osterhase sich ganz lange drüben unter der Ligusterhecke aufgehalten hat. Bestimmt liegen dort noch ein paar Eier. Also sucht weiter!"

Während die Kinder unter der Hecke herumkriechen, nimmt Herr Schuster den Korb, läuft ums Haus und versteckt die Eier im Vorgarten. Kaum ist er zurückgekehrt, da kommen schon die Kinder mit enttäuschten Mienen zur Terrasse.

„Wir haben wieder nichts gefunden!“, klagen sie.

„Macht nichts! Sucht mal vor dem Haus! Ich glaube, der Osterhase war auch dort“, erklärt der Vater.

Die Kinder verschwinden. Ein ums andere Mal kommen sie jubelnd mit einem Osterei in der Hand zu den Eltern. Herr Schuster legt die Eier in den Korb zurück. Sobald Svea und Jannik weg sind, versteckt er die Eier wieder im Garten hinter dem Haus. Suchen die Kinder dort, trägt er sie wieder vors Haus. Suchen sie vorne, versteckt er sie wieder hinten. So geht das eine ganze Weile, bis Svea schließlich auffällt, dass sie ein bestimmtes Ei mit dem Osterhasen drauf schon einmal gesehen hat. Jetzt erst merkt sie, dass es immer wieder die gleichen Eier sind, die sie und ihr kleiner Bruder finden. Sie hat den Trick der Eltern durchschaut.

„Da habt ihr uns ja ganz schön an der Nase herumgeführt!“, protestiert sie. Nun müssen alle herzlich lachen. So beginnt für die Schusters das Osterfest in fröhlicher Stimmung.

Die Amsel

An einem warmen Frühlingstag sitzen Elli und Vincent auf dem Balkon und spielen Nintendo. Die Bienen summen im Kirschbaum. Ein Schmetterling flattert vorüber. Die Vögel singen ihre Lieder. Nichts scheint den Frieden der Natur zu stören. Doch plötzlich hören die Kinder ein wildes Geflatter und schrilles Piepsen. Was mag das sein?

Elli und Vincent schauen hinunter in den Garten. Zwei pechschwarze Amselmännchen bekämpfen sich erbittert. Vielleicht verteidigen sie ihr Revier oder streiten sich um ein Weibchen. Wie wilde Kampfhähne gehen sie aufeinander los. Sie picken mit den Schnäbeln und setzen ihre scharfen Krallen ein. Schließlich siegt der Stärkere. Stolz sitzt er auf seinem Widersacher, als wolle er seinen Triumph auskosten. Dann fliegt er weg. Doch wie sieht der Unterlegene aus! Arg zerzaust liegt er im Gras. Mühsam kommt er auf die Beine und humpelt zur Hecke hin. Sein rechter Flügel schleift auf dem Boden. Immer wieder versucht er wegzufliegen, doch es gelingt ihm nicht. Und da lauert auch schon die Katze.

Nun greifen Elli und Vincent ein. Schnell gehen sie hinunter in den Garten. Zuerst verscheuchen sie die Katze, die bereits zum Sprung auf den Vogel angesetzt hat. Dann kümmern sie sich um das verletzte Amselmännchen. Wie schön sieht es aus mit seinem pechschwarzen Gefieder und dem goldgelben Schnabel! Doch es ist übel zugerichtet. Vorsichtig bringen Elli und Vincent den Flügel wieder in die richtige Lage. Noch immer hängt er schlaff herunter. Den Kindern tut der Vogel leid. Sie wollen ihm helfen. Vincent holt einen großen Karton. Von einer nahegelegenen Baustelle stibitzt er Sand. Damit bestreut er den Boden des Behältnisses. Behutsam setzt Elli den Vogel in den Karton. Von den Blättern der Büsche liest sie Würmchen und Maden ab. Aus dem Beet zieht sie einen dicken Regenwurm heraus. Und siehe da, die Amsel frisst das Gebotene gierig. Mit einem Stöckchen schient Elli den herabhängenden Flügel des Vogels und umwickelt ihn mit einer Mullbinde. Bevor die Kinder auf den Balkon zurückkehren, stellen sie noch ein Schälchen mit Wasser in den Karton und decken ihn mit einem Drahtgitter ab. Ständig unterbrechen sie ihr Spiel und schauen hinunter in den Garten. Die Katze schleicht noch ein paarmal um den Karton, aber sie merkt bald, dass es hier nichts zu holen gibt.

Eine Woche lang pflegen die Kinder den Vogel. Er wächst ihnen immer mehr ans Herz. Sie nennen ihn Fritz. Vorsichtig nimmt Andrea die Binde und das Stöckchen ab. Der Bruch des Flügels ist verheilt. Bald unternimmt Fritz seine ersten Flugversuche. Die Kinder nehmen die Drahtbedeckung des Kartons ab und bringen ihn an einen sicheren Ort, wo ihn die Katze nicht erreichen kann. Eines Tages, Elli und Vincent sitzen wieder auf dem Balkon, hören sie ein lautes Piepsen. Ist Fritz in Gefahr? Nein, er hat seinen Karton verlassen und flattert im Garten herum. Nach einer Weile kehrt er wieder in sein vertrautes Heim zurück. Dort fühlt er sich sicher.

Noch ein paar Tage vergehen. Die Familie sitzt gerade beim Mittagessen. Wieder piepst Fritz, und zwar so laut, dass man es in der ganzen Wohnung hören kann. Es scheint, als wolle er sich von den Kindern verabschieden. Und so ist es auch. Vom Balkon aus beobachten Elli und Vincent, wie ihr Freund Fritz noch ein paar Runden dreht. Es sieht so aus, als wolle er seine Flugkünste vorführen.

„Leb‘ wohl, Fritz, und lass‘ dich auf keine Kämpfe mit stärkeren Amselmännern mehr ein. Und sei vorsichtig, dass dich die Katze nicht erwischt!“, rufen Elli und Vincent ihrem Freund hinterher. Doch der ist schon in den nahen Park hinübergeflogen und hat sich im dichten Laubwerk eines Baumes versteckt. Die Kinder sind traurig und glücklich zugleich. Traurig, weil sich Fritz von ihnen verabschiedet hat, und glücklich, weil sie ihm das Leben gerettet haben. Jetzt kann er wieder in Freiheit in seiner natürlichen Umgebung leben.

Immer diese Türken!

Regelmäßig besucht Stefan das Grab seiner Familie auf dem Bergfriedhof. Es ist ihm ein Bedürfnis, dort der Verstorbenen zu gedenken. Die Grabpflege ist für ihn Ehrensache. Im zeitigen Frühjahr setzt er zusammen mit seiner Frau Stiefmütterchen. Im Juni folgt die Sommerbepflanzung mit den wärmeliebenden Begonien. Über den Winter wird das Grab mit Tannenzweigen bedeckt. Oft steht Stefan in Gedanken versunken vor dem Grabstein. Wenn er dann die Namen liest, die dort eingraviert sind, erinnert er sich liebevoll an seine Mutter, seinen Vater und seine Großeltern. Vor dem Grabstein liegt noch eine Platte mit den Namen seines Onkels und seiner Tante, den Eltern seines Vetters Eberhard.

Über viele Jahre hinweg hat sich Eberhard an der Grabpflege beteiligt, doch nun möchte er sie beenden. Die Platte mit den Namen seiner Eltern soll entfernt und im Garten neben seinem Haus aufgestellt werden. Stefan ist einverstanden. Nun meint Eberhard, sie könnten den schweren Stein zu zweit anheben, in seinen Wagen einladen und zu seinem Haus transportieren. Stefan bezweifelt das. Er weiß, der Vetter überschätzt gerne seine Kräfte. Trotz aller Bedenken hält Eberhard stur an seinem Vorhaben fest. Auf der Fahrt zum Friedhof setzt er unvermittelt zu einem Rundumschlag gegen die bei uns lebenden Türken an. Er beklagt sich, sie benähmen sich schlecht und hätten in unserem Land nichts verloren. Stefan schweigt, denn er möchte keinen Streit mit seinem Vetter anfangen. Am Grab angelangt, gelingt es Eberhard und Stefan, die schwere Platte mit Hilfe eines Stemmeisens aus dem Erdreich zu heben. Nun soll sie auf eines der zweirädrigen Wägelchen geladen werden, die am Eingang des Friedhofs für leichte Transporte bereitstehen. Selbst unter

Aufbietung aller Kräfte schaffen sie es nicht. Schwer atmend stehen sie da. Eberhard ist eigensinnig und will nicht aufgeben. Also versuchen sie es wieder und wieder. Doch der Stein bewegt sich nicht. Stefan erkennt, es ist aussichtslos und meint: „Es hat keinen Sinn! Wir holen uns hier noch einen Bruch oder einen Schaden an der Wirbelsäule. Lass uns Hilfe holen!“

Eberhard sieht das ein. Also gehen die beiden Vettern zum Eingang des Friedhofs und schauen, wer draußen vorbeiläuft. Nicht lange, da kommt ein junger Mann daher. Seine Gesichtszüge, das dunkle Haar und sein gedrungener Körperbau lassen vermuten, dass er ein Südländer ist. Außerdem hat er Muskeln wie ein Gewichtheber. Stefan spricht ihn an und schildert ihm das Problem. Der Mann ist sofort bereit zu helfen. Er folgt Eberhard und Stefan zum Grab, schaut sich die Platte von allen Seiten an, kniet vor ihr nieder und hebt sie an. Auf das Wägelchen will er sie nicht laden. Er weiß, es würde unter dem Gewicht zusammenbrechen. Also umklammert er den Stein, trägt ihn mit raschen Schritten zum Parkplatz und hievt ihn in den Kofferraum von Eberhards Auto. Staunend steht Eberhard daneben. Das hätte er nicht für möglich gehalten. Er bedankt sich herzlich bei dem Mann und will ihm zehn Euro geben. Doch der freundliche Helfer lehnt ab. „Das habe ich sehr gerne getan“, sagt er, „es ist doch selbstverständlich, dass man anderen Menschen hilft.“ Stefan hat die Szene schweigend verfolgt. Doch nun will er etwas wissen. „Stammt ihre Familie eigentlich aus Italien?“, fragt er den jungen Mann. „Nein, aus der Türkei“, lautet die Antwort. Eberhard wird verlegen. Auf der Fahrt zum Friedhof hat er noch über die Türken gelästert. Das ist ihm nun peinlich. Bevor er sich von dem freundlichen Helfer verabschiedet, steckt er ihm schnell den

Geldschein in die Brusttasche. Eberhard wird in Zukunft seine gemeinen Reden unterlassen.

Der arglose Vater

Sascha ist ein netter Junge, neun Jahre alt, aber manchmal ein bisschen frech. Wenn er dann mit seinem Gesicht voller Sommersprossen lacht, kann ihm niemand böse sein. Fröhlich pfeifend, die Hände in den Hosentaschen, läuft er eines Tages von der Schule nach Hause. Da sieht er im Rinnstein einen Gegenstand, der golden leuchtet. Sofort denkt er, das sei ein wertvolles Schmuckstück. Er bückt sich und sieht, es ist nur ein Bonbon, das in Goldpapier eingewickelt ist. Er hebt es auf und schaut es genauer an. O je, es ist ganz schmutzig! Der Dreck ist bereits durch das Papier eingedrungen und klebt an der Zuckermasse. Dennoch will Sascha das Bonbon nicht wegwerfen. Also steckt er es in die Hosentasche. Unterwegs läuft ihm eine Katze über den Weg. Er lockt sie an und hält ihr die Süßigkeit vors Maul. Doch sie traut der Sache nicht und will nicht zubeißen, sondern leckt nur mit ihrer rosaroten Zunge. Schließlich gibt Sascha auf. Er packt die Süßigkeit wieder ein. Nach einer Weile sieht er einen Pudel. Sascha pfeift, das Tier spitzt die Ohren und läuft ihm entgegen. Neugierig beobachtet der Hund, wie der Junge das Bonbon aus seiner Tasche holt und von seiner Umhüllung befreit. Dann bietet er es dem Pudel mit der flachen Hand zum Fressen an. Doch der stupst es nur mit seiner feuchten Nase an und rennt weg. Enttäuscht packt Sascha das Bonbon wieder ein.

Zu Hause angekommen, begrüßt Sascha seinen Vater, der im Wohnzimmer auf dem Sofa sitzt und die Zeitung liest.

„Du, Papi, ich habe ein kleines Geschenk für dich mitgebracht!“, verkündet Sascha. Der Vater legt die Zeitung weg und lobt: „Das ist aber nett von dir, dass du an mich denkst! Was ist es denn?“

Nun holt Sascha zum dritten Mal das Bonbon aus seiner Hosentasche und gibt es dem Vater. Der wickelt es aus und steckt es unbesehen in den Mund. Während der Vater genüsslich lutscht, schaut ihn Sascha von der Seite ganz komisch an. Etwas scheint nicht zu stimmen. Schließlich fragt der Vater seinen Sohn: „Was ist denn los? Warum beobachtest du mich die ganze Zeit. Sag‘ mir sofort, warum!“

„Weil du so arglos bist, Papa“, sagt Stefan.

„Ich arglos? Wie kommst du denn darauf?“

„Stell dir vor, ich habe das Bonbon im Straßengraben gefunden. Weil es so schmutzig war, wollte ich es nicht lutschen. Also habe ich es einer Katze angeboten. Aber die hat nur daran geleckt. Auch ein Hund wollte das Bonbon nicht nehmen. Er hat es immer nur mit seiner feuchten Nase angestupst und ist dann weggerannt. Aber du, Papa, bist so arglos und hast es unbesehen genommen.“

„Pfui Teufel!“, ruft der Vater und rennt ins Badezimmer. Dort spuckt er das Bonbon in die Toilette und spült sich den Mund aus. Noch lange ist er Sascha böse.

Ein Blick in die Zukunft

Wir sind in New York. Der Kalender zeigt das Datum 23. Oktober 2089. An diesem Tag läuft für John Miller alles schief, was nur schiefgehen kann. Es ist jetzt sieben Uhr fünfzehn. Miller liegt noch schnarchend in seinem XXXL-Elektronenbett im Stadtteil Trumptown. Zehn Sekunden später schrillt der Laserwecker in ohrenbetäubender Lautstärke. Durch ein Funksignal aus Peking wurde er über Nacht von Position drei auf Position dreißig umgestellt. Mit dieser Maßnahme wollen die Chinesen erreichen, dass die Amerikaner schlecht gelaunt ihr Tagwerk beginnen. Miller ist außer sich. Er wirft den Wecker an die Wand, worauf aus dem Megamini-Telefon eine süßliche weibliche Stimme verkündet: „Lieber D-Epp-Kunde! Hier ist ihr Haarentfernungsinstitut ‚Beauty Care'. Sie rufen leider außerhalb unserer Geschäftszeit an. Wir sind gerne für Sie da am Montag und Freitag von 20.45 bis 22.00 Uhr." Im Zeitlupentempo bewegt sich nun die Liegefläche des Bettes in senkrechte Position. Gerne hätte sich Miller nochmal umgedreht, doch schon rutscht er ab und steht auf den Beinen. Murrend geht er zu seiner Anziehmaschine, die ihn in Sekundenschnelle ankleidet. Durch einen Programmierfehler stimmt die Steuerung nicht ganz. Die Unterhose bedeckt Millers Kopf, das Unterhemd sitzt ein Stockwerk zu tief. Jetzt muss Miller das Jackett, die Hose, die Krawatte und das frisch gebügelte Hemd ablegen und sich in mühsamer Handarbeit selbst anziehen. Dann setzt er sich in seine Frühstücksmaschine. Alles klappt zunächst wunderbar. Vollautomatisch wird der frisch gebrühte Kaffee eingegossen. Eine Roboterhand gibt Milch und Zucker hinzu, rührt um und führt die Tasse an Millers Lippen. Eine andere Hand holt ein Sesambrötchen aus dem UKW-Ofen, schneidet es auf, bestreicht es mit Butter und mit Millers Lieblingsmarmelade, einer Mischung aus Ingwer, Erdnussmus und süßem Senf. Auch hier muss Miller keinen Finger rühren, und er genießt schmatzend seine Mahlzeit. Dummerweise passiert ihm nun ein Missgeschick. Als er die Kaffeetasse zum Mund führt, berührt er mit dem Ellbogen den Notknopf der Frühstücksmaschine. Lichter blinken auf, ein Warnsignal ertönt und eine Stimme sagt: „Verlassen Sie sofort das Gerät. Es besteht Verletzungsgefahr. Der Hersteller übernimmt keinerlei Haftung." Noch ehe Miller von seinem Sitz aufstehen kann, drückt ihm der Roboter die untere Hälfte des Brötchens mitten ins Gesicht. Die Marmelade tropft auf sein Hemd. Schnell läuft er zum Waschbecken und wäscht sich das Gesicht ab. Bevor er sein Apartment verlässt, zieht er ein frisches Hemd an.

Die weiteren Stunden des Vormittags verlaufen ohne Zwischenfälle. Mit dem Lift erreicht Miller in Sekundenschnelle die Dachterrasse. Mit seinem H2-SO4-Copter gelangt er mühelos und ganz ohne Stau zu seiner Arbeitsstätte. Da sich der Treibstoff Schwefelsäure rückstandslos in Sauerstoff verwandelt, entsteht keinerlei Umweltbelastung in Form von Nano-Feinstaub oder giftigen Gasen. Im Gegenteil, sie verbessert die Luftqualität in New York auf Werte wie in einem einsamen Tal der Appalachen. Als Miller sein Büro betritt, wundern sich die Kolleginnen und Kollegen, warum er zu spät kommt und ausnahmsweise schlecht gelaunt ist. Miller schweigt lieber, denn er will sich nicht lächerlich machen.

Der Wellensittich Jakob

Die Zwillinge Ingrid und Ursula hätten so gerne ein Tier gehabt – am liebsten einen Hund oder eine Katze. Doch ihr Vater erlaubte es nicht, denn die Familie wohnte im neunten Stock eines Hochhauses.

„So ein Tier braucht Auslauf, eine Umgebung, wo es sich frei bewegen kann. Es in der Wohnung zu halten, ist Tierquälerei", argumentierte der Vater.

Die Mädchen sahen das ein. Sie wünschten sich ein

kleineres Tier, das man in der Wohnung halten konnte. Als die Mutter mit ihrem Mann besprach, was man den Zwillingen zum Geburtstag schenken könnte, war er mit ihrem Vorschlag einverstanden. Das Tier durfte allerdings nicht größer als ein Hamster sein.

Voller Erwartung betraten Ingrid und Ursula an ihrem Geburtstag das Wohnzimmer. Auf dem Tisch stand inmitten der anderen Geschenke eine Kiste, die mit einem Tuch bedeckt war. Enthielt sie vielleicht eine Musikanlage mit CD-Spieler und Radio? Oder war darin ein Schränkchen, in dem man seine Wertsachen aufbewahren konnte? Ingrid und Ursula traten näher heran. Sie dachten, in der Kiste bewege sich etwas. Kurz darauf hörten sie ein leises Piepsen. Das konnte nur ein Vogel sein! Wahrscheinlich ein Kanarienvogel. Vorsichtig hoben sie das Tuch ab und erblickten einen kleinen Wellensittich, der sie aus seinen dunklen Knopfaugen neugierig anschaute. Als er dann auch noch das Köpfchen hin und her neigte und einen schrillen Pfiff von sich gab, waren die Mädchen hell begeistert. Wie hübsch sah er aus! Mit seinem gekrümmten Schnabel und dem grünblau-gelben Gefieder konnte er glatt mit seinen größeren Verwandten mithalten, die Ingrid und Ursula in der Wilhelma gesehen hatten. Obwohl sie nicht wussten, ob der Vogel ein Männchen oder ein Weibchen war, nannten sie ihn ‚Jakob'. Dieser Name passte so gut wie kein anderer zu dem drolligen Piepmatz.

Oft beobachteten Ingrid und Ursula ihren kleinen Freund, wie er munter zwischen den Stäben seines Käfigs hin und her hüpfte und an seinem Fressnapf Körner aufpickte. Manchmal ließ er zwischendurch ein Kothäufchen fallen, worüber sich die Mädchen amüsierten. Regelmäßig unternahm Jakob Flugversuche, die meistens jäh an den Gitterstäben endeten. Ingrid und Ursula erkannten, der Käfig war viel zu klein. Jakob sehnte sich nach Freiheit, brauchte Platz, um wie seine Vorfahren frei herumfliegen zu können. Also öffneten sie das Türchen, und schon flog der Vogel heraus.

Das Wohnzimmer sah Jakob bald als sein vertrautes Revier an. Das Bücherregal war sein bevorzugter Landeplatz. Am liebsten saß er auf dem großen Weltatlas, weil dieser aus allen anderen Büchern herausragte. Auch versteckte er sich gerne zwischen den Blättern des Gummibaums. Wahrscheinlich fühlte er sich dort wie in seiner Urheimat Amazonien. Vor der hölzernen, bunt bemalten Ente, die auf dem Buffet stand, fürchtete er sich. Er dachte wohl, sie könne ihm gefährlich werden. Im Verlauf einiger Wochen hatten Ingrid und Ursula ihrem kleinen Freund schon einige Kunststücke beigebracht. Sie hielten ihm ein Stöckchen hin und ließen ihn zwischen zwei gegenüberliegenden Ecken des Wohnzimmers hin- und herfliegen. Auch kam er auf einen Pfiff zu ihnen und gab Küsschen. So sehr sie sich auch bemühten, das Sprechen konnten sie ihm nicht beibringen.

So ging das lustige Spiel mit Jakob ein ganzes Jahr lang fort. Wieder ließen Ingrid und Ursula den kleinen Piepmatz kreuz und quer durchs Wohnzimmer fliegen. Plötzlich rief ein Nachbarsjunge, sie sollten schnell herauskommen, etwas Besonderes sei zu sehen. Die Mädchen eilten auf den Balkon und bewunderten den farbenprächtigen Regenbogen, der sich weit über die Dächer spannte. Als sie ins Wohnzimmer zurückkehrten, erfasste sie ein furchtbarer Schrecken. Jakob war nicht mehr da! Er hatte die kurze Unachtsamkeit genutzt, um durch die Balkontür ins Freie zu fliegen. Ingrid und Ursula weinten, und jedes Mal, wenn sie den leeren Käfig sahen, wurde ihr Schmerz noch schlimmer. Auch wenn die Balkontür tagsüber offenstand, ihr Freund kehrte nicht zurück. Wahrscheinlich war er längst tot, dachten die Mädchen. Wie sollte er auch in der freien Natur überleben, wo sein Futter finden, wie Sturm und Regen überstehen? Vielleicht hatte ihn längst die Katze gefressen, die manchmal ums Haus schlich. Irgendwann gaben Ingrid und Ursula die Hoffnung auf, ihren gefiederten Freund jemals wiederzusehen.

Bald feierten die Zwillinge wieder ihren Geburtstag. An den Geschenken konnten sie sich nicht erfreuen, denn sie dachten immerzu an Jakob. Im Jahr zuvor hatten sie den kleinen Wellensittich geschenkt bekommen. Und nun war er nicht mehr da. Der Verlust schmerzte sie sehr. Drei Wochen waren vergangen, seit er entflogen war. Wieder stand die Balkontür offen. Als Ingrid in die Wohnstube trat, erblickte sie auf der Vorhangstange etwas Buntes. Sie schaute genauer hin. Sofort erkannte sie, es war Jakob, der dort oben saß und sich das Gefieder putzte. Der Jubel der Zwillinge kannte keine Grenzen. Es war, als hätte man ihnen den Vogel zum zweiten Mal geschenkt. Natürlich rätselten sie nun, wo er sich die ganze Zeit herumgetrieben hatte. War er in der Nähe geblieben oder zur Wilhelma geflogen, um sich mit seinen Artgenossen durch die Gitterstäbe zu unterhalten? Hatte er sich etwa zu den Papageienschwärmen gesellt, die in Bad Cannstatt herumflogen? War es das Heimweh, das ihn zu seinen beiden Freundinnen zurückführte? So oft Ingrid und Ursula auch fragen mochten, Jakob antwortete nicht. Er neigte nur das Köpfchen und machte ‚piep-piep-piep'. Selbst wenn die Balkontür offenstand, flog Jakob fortan nie mehr weg. Er war aus Erfahrung klug geworden. So verbrachten Ingrid und Ursula noch viele glückliche Jahre mit ihrem kleinen Freund.

Bekanntschaft beim Minigolf

Jörg und Sven sind zwei sportliche junge Männer. Sie spielen bei einem Fußballverein in der gleichen Mannschaft. Da sie sich nicht nur auf dem Spielfeld, sondern auch außerhalb des Platzes gut verstehen, beschließen sie, den Urlaub zusammen in Schweden zu verbringen. Dabei denken sie nicht nur an Wälder und Seen, sondern auch an die hübschen, aufgeschlossenen Frauen, für die das Land bekannt ist. Mit Jörgs Campingbus fahren sie von Stuttgart über Hamburg nach Frederikshavn in Dänemark. Von dort setzen sie nach Göteborg über. Auf der Fahrt an der schwedischen Küste entlang kommen sie durch viele malerische Orte. Am besten gefällt ihnen Halmstad. Auf dem Gelände des ‚Camping Hagöns' buchen sie für eine Woche einen Stellplatz. Täglich verbringen sie einige Stunden am Strand. Die jungen Mädchen, die sich dort im Sand sonnen, finden sie sehr hübsch, doch sie wagen es nicht, sie anzusprechen, denn sie fürchten, sich nicht mit ihnen verständigen zu können. Zwar haben sie schon einige schwedische Redewendungen gelernt. Sie wissen bereits, ‚god dag', heißt ‚guten Tag', ‚jag skulle vilja' ‚ich hätte gerne' und ‚jag heter' ‚ich heiße'. Auch die Wörter ‚öl' für Bier und ‚pölser' für Würste gehen ihnen leicht von der Zunge. Den beiden ist jedoch klar, dass man mit diesen spärlichen Sprachkenntnissen kein vernünftiges Gespräch führen kann.

Gerne vertreiben sich Jörg und Sven die Zeit auf der Minigolfanlage, die direkt neben dem Campingplatz liegt. Eines Nachmittags schwingen dort in ihrer Nähe zwei junge Frauen den Golfschläger. Eine der beiden hat, typisch schwedisch, lange blonde Haare, die andere ist dunkelhaarig wie eine Südländerin. Bald werden die beiden Schwedinnen auf die jungen Deutschen aufmerksam.

Immer wieder schauen sie zu ihnen hinüber und kichern. Wenn sie miteinander tuscheln, geht es wohl um das gleiche Thema wie beim Gespräch zwischen Jörg und Sven. Man findet sich gegenseitig interessant und möchte sich gerne kennenlernen. Doch die jungen Männer getrauen sich nicht, die Hübschen anzusprechen. Die Schwedinnen dagegen sind couragierter. Sie lassen sich eine verrückte Idee einfallen.

Nach einer Weile schlägt die Blonde absichtlich einen Golfball zu den jungen Männern hinüber. Schnell rennt sie dem Ball hinterher. Absichtlich stolpert sie in Jörgs Nähe über eine Wurzel und schreit ‚hjälp'! Um ein Haar wäre sie gestürzt, doch geistesgegenwärtig fängt sie Sven auf und hält sie fest. Mit ‚manje tak' bedankt sich die Schwedin und meint, diesmal auf Englisch: „If you didn't hold me, I would have fallen!" - „Wenn du mich nicht gehalten hättest, wäre ich hingefallen!"

So bandeln die jungen Frauen auf raffinierte Weise mit Jörg und Sven an. Man beschließt, das Minigolfspiel gemeinsam fortzusetzen. Soll die Paarung Schweden gegen Deutschland lauten? Oder wäre ein gemischtes Doppel besser? Die Schwedinnen bevorzugen die zweite Variante. Zuerst schreiben sie ihre Namen auf ein Kärtchen. So erfahren Sven und Jörg nebenbei, dass die Dunkelhaarige Birgitta und die Blonde Svenja heißt. Ausgerechnet Svenja! Sofort ist klar, sie wird zusammen mit Sven spielen. Das Minigolfspiel wird zur großen Gaudi. Man versteht sich immer besser. Anschließend geht es in die Dünen, aber nicht im Viererverband, sondern Jörg mit Birgitta und Sven mit Svenja. Es bleibt der Phantasie des Lesers überlassen, was sich dort im Schutze des Strandhafers abspielte. Eines sei jedoch verraten: ‚Ich liebe dich' heißt auf Schwedisch ‚jag älskar dej'.

Der Siebenschläfer

Als kinderloses Ehepaar unternahmen Herr und Frau Brunner schon seit Jahren große Reisen. Mal fuhren sie mit dem Auto nach Italien oder Spanien. Dann verbrachten sie einige Wochen in Mexiko, Indien und Südafrika. Eines Tages wurde Frau Brunner schwanger. Sie gebar ein Töchterchen, dem die Eltern den Namen Carola gaben. Mit den großen Reisen war es nun vorbei. Man musste auf die Bedürfnisse des Babys Rücksicht nehmen. Von einer Kollegin hatte Frau Brunner erfahren, ihre Schwester besitze ein Ferienhaus in Südfrankreich und vermiete es günstig an Bekannte. Das sei das Richtige für sie, dachten die Brunners, überlegten nicht lange und buchten die Ferienwohnung für drei Wochen. Erst hinterher bemerkte Herr Brunner, das Haus lag weit im Süden in einem abgelegenen Tal der Haute Provence. Er zweifelte, ob man es mit dem Auto an einem Tag erreichen könne.

Um den hektischen Verkehr auf Deutschlands Straßen zu meiden, brachen die Brunners bereits morgens um drei Uhr auf. Die kleine Carola schlief ruhig in ihrem Babysitz. Als der Tag anbrach, hatten die Brunners die deutsch-französische Grenze bereits weit hinter sich gelassen, und der Wagen rollte in gleichmäßigem Tempo über die Autobahn. Herr und Frau Brunner genossen die Fahrt, denn endlich konnten sie sich entspannen. Und das Erstaunliche dabei: Ganz ohne Raserei und Stress kamen sie viel schneller vorwärts, als sie gedacht hatten. Bereits nachmittags um drei erreichten sie ein malerisches Bergdorf, das nur wenige Kilometer vor ihrem Ziel lag. In einem gemütlichen Straßencafé gönnten sie sich eine Ruhepause. Während sie einen Café au Lait tranken und dazu ein knuspriges Croissant aßen, kamen sie mit den Gästen ins Gespräch, die bei ihnen am Tisch saßen. Herr und Frau Brunner fiel auf, wie freundlich ihnen die Einheimischen begegneten. Die Weiterfahrt führte sie in ein einsames Tal. Eine idyllische Heidelandschaft umgab sie. Sie sogen den würzigen Duft des Lavendel und anderer aromatischer Pflanzen ein. Dieses Tal gefiel ihnen sehr. Da sie das Ferienhaus nicht gleich fanden, sprachen sie einen Bauern an, der vor seinem Haus saß und seine Gauloise-Zigaretten rauchte. Er begrüßte die Neuankömmlinge herzlich. Nach einer Weile trat die Bäuerin aus der Tür. Auf einem Tablett brachte sie vier Gläser und einen irdenen Krug, der Cidre enthielt. Mit ‚santé' stieß man auf das Wohl aller an. Bei einem Gespräch lernten die Brunners Madame und Monsieur Dupont noch besser kennen. Dann wies der Mann den Weg zu dem Ferienhaus, das die Brunners gebucht hatten. Es lag in Sichtweite nicht weit von dem Bauernhof entfernt. Bevor sie losfuhren, erklärte Madame Dupont den Urlaubern, sie könnten jederzeit bei ihr frische Milch, Eier und selbstgebackenes Brot bekommen. Herr und Frau Brunner freuten sich auf das Wiedersehen mit den freundlichen Bauersleuten. In den folgenden Wochen kauften sie ihnen täglich ihre Erzeugnisse ab.

Auf die Freude über die Begegnung mit den Duponts folgte die Ernüchterung. Das Ferienhaus, das die Brunners gebucht hatten, erwies sich als Bruchbude. Durch das Dach tropfte an mehreren Stellen das Regenwasser. In den Zimmern lag haufenweise der Müll. Staub bedeckte die Möbel. Im ersten Augenblick dachten Herr und Frau Brunner, es wäre das Beste, sofort wieder abzureisen. Mit einem Baby in diesem Saustall zu wohnen, erschien ihnen unmöglich. Doch welche Alternative bot sich an? Nach zwölfstündiger Anreise jetzt bei Nacht ein anderes Quartier zu suchen, dazu waren sie nicht mehr in der Lage. Schweren Herzens entschlossen sie sich, zu bleiben. Zuerst versorgten sie ihre kleine Tochter. Dann nahmen sie das Nachtessen ein. Bevor sie zu Bett gingen, putzten sie das Schlafzimmer und räumten die Abfälle weg.

Wie zu erwarten, schliefen Herr und Frau Brunner in der ersten Nacht schlecht. Die kleine Carola dagegen schlummerte seelenruhig in ihrem Bettchen. Immer wieder hörten Herr und Frau Brunner ein Hopsen, ein Poltern und Quieken. Waren das womöglich Ratten, die in der Dachkammer ihr Unwesen trieben? Gegen Morgen hörte das Rumoren auf. Die Unruhestifter waren offensichtlich nachtaktive Tiere. Wieder überlegten die Brunners, ob sie abreisen sollten. In ihrer Zwangslage liefen sie hinunter zum Hof der Duponts. Als sie dem Ehepaar erzählten, in welchem Zustand sich das Ferienhaus befand, zeigten sie sich sofort bereit, zu helfen. Monsieur Dupont fuhr mit seinem Traktor die Abfälle zu einer Müllkippe. Seine Frau brachte Putzmittel, Schrubber und Scheuerlappen. Gerne half sie bei der Reinigung des Hauses mit. Herr Dupont meinte, dem Ungeziefer könne man leicht mit Gift beikommen. Als Tierfreund und umweltbewusster Mensch bevorzugte Herr Brunner eine andere Variante. „Dich bekomm‘ ich lebend!“, dachte er. Am Abend holte er den Putzeimer. Auf dessen Boden legte er einen Streifen Speck.

In der Nacht war das Rumoren wieder zu hören. Als Herr Brunner am Morgen in den Eimer schaute, befand sich darin ein kleines Tier, ähnlich einem Eichhörnchen. Vergeblich versuchte es, an der glatten Wand des Eimers hinaufzuklettern. Herr Brunner schaute sich das Tier genauer an. Mit seinen schwarzen Knopfaugen, seinem graumelierten Fell und dem buschigen Schwanz sah es niedlich aus. Und dazu das rosarote Schnäuzchen, an dem sich lange Tasthaare unablässig bewegten. So eine hübsche Kreatur sollte man wahrhaftig nicht töten. Herr Brunner erinnerte sich an ein Bild in einem Buch, das den Titel ‚Tiere unserer Heimat‘ trug. Er erkannte, der nächtliche Umtreiber war ein Siebenschläfer, auch ‚Bilch‘ genannt. Um ganz sicher zu gehen, wollte er prüfen, ob das Bauchfell wie auf der Abbildung weiß war. Er griff in den Eimer und packte das Tier von hinten am Hals. Blitzschnell drehte es den Kopf und biss ihn in den Zeigefinger. Die scharfen Nagezähne durchdrangen die Haut bis auf den Knochen. Da der Bilch sein Maul nicht öffnete, zappelte er minutenlang an Herrn Brunners Hand. Von unerträglichen Schmerzen gepeinigt, schrie er laut auf. Seine Frau eilte herbei, packte den Übeltäter erneut am Hals und drückte ihm die Luft ab. Endlich öffnete er das Maul. Blut tropfte auf den Boden. Frau Brunner desinfizierte und verband die Wunde. Der Siebenschläfer saß unterdessen im Eimer und putzte sich das Fell. Anders als sein Widersacher hatte er den Zwischenfall schadlos überstanden. Noch immer plagten Herrn Brunner schlimme Schmerzen. Als er seinen Peiniger in dem Eimer erblickte, hätte er ihm am liebsten den Kragen umgedreht. Doch er fürchtete, wieder gebissen zu werden und erinnerte sich an seine Prinzipien als Tierfreund. Am Nachmittag unternahm er mit seiner Frau einen Ausflug in das Tal, das jenseits der Passhöhe lag. Dort ließ er den Siebenschläfer in der Nähe eines Ferienhauses frei. Sollte er sich dort einnisten.

Drei erholsame Wochen verbrachten die Brunners in ihrem Feriendomizil. Sie unternahmen lange Wanderungen in der näheren und weiteren Umgebung. Täglich schauten sie bei den Duponts vorbei. An diese Besuche erinnerten sie sich immer gerne. Auch den bösen Vorfall mit dem Siebenschläfer vergaßen sie nie.

Der Rollstuhl

Schon lange hat Anna ihre Cousine Gerda nicht mehr besucht. Schließlich kommt man nicht alle Tage nach Hamburg. Doch nun steht in absehbarer Zeit nichts Wichtiges an. Annas Mann Jochen gönnt seiner Frau gerne eine Auszeit von den Mühen des Alltags. Das einwöchige Strohwitwerdasein wird er gut überstehen. Anna freut sich riesig auf das Wiedersehen mit Gerda. Endlich haben die beiden Cousinen viel Zeit, sich miteinander auszutauschen. Außerdem möchte Anna die neue Elbphilharmonie besichtigen und mit Gerda an der Alster spazieren gehen. Die Fahrkarte hat Anna bereits besorgt. Der Reise nach Hamburg scheint nichts mehr im Wege zu stehen.

Am Wochenende vor der Abreise gehen Anna und Jochen miteinander tanzen. Die Stimmung in dem gut besuchten Lokal schlägt hohe Wellen. Anna und Jochen legen einen flotten Rock'n Roll aufs Parkett. Plötzlich stößt Anna einen Schrei aus. Sie spürt einen stechenden Schmerz im Knie. Sie kann nicht mehr gehen. Jeder Schritt tut ihr weh. Auf Jochen gestützt humpelt sie zum Auto. Zuhause stellt das Ehepaar fest, dass das Knie dick angeschwollen ist. Ein Schmerzmittel verschafft Anna etwas Linderung. Kalte Umschläge und das Einreiben mit einer schmerzstillenden Salbe zeigen dagegen wenig Wirkung. Das Wochenende über muss Anna zu Hause bleiben. Am Montag bringt sie Jochen zum Arzt. Dieser stellt fest, eine Sehne ist angerissen. Das bedeutet, Anna darf zwei Wochen lang ihr Bein nicht belasten. Sie ist sehr traurig, denn unter diesen Umständen kann sie nicht nach Hamburg fahren. Die ganze Woche über hofft sie vergebens, der Zustand ihres Knies würde sich bessern. Es bleibt ihr nichts anderes übrig, sie muss schweren Herzens den Besuch bei ihrer Cousine absagen.

Der Tag, an dem Anna abreisen wollte, bricht an. Betrübt sitzt sie mit Jochen am Frühstückstisch. Es fällt ihr schwer, zu Hause zu bleiben. Immerzu denkt sie an Gerda, die wohl auch in Gedanken bei ihr ist.

„Um diese Zeit wäre ich schon unterwegs nach Hamburg“, klagt Anna. „Und jetzt sitze ich da mit meinem lädierten Knie und kann keinen Schritt gehen.“

„Natürlich kannst du gehen, wenn ich dir helfe. Zwar nicht weit, aber wenigstens runter bis zum Auto“, erklärt Jochen.

„Und was soll das bringen? Das heißt doch, wir fahren irgendwo hin und hocken den ganzen Tag im Wagen oder in irgendeinem Lokal. Das hat doch keinen Sinn. Da bleibe ich lieber zu Hause.“

„Nein, lass‘ uns wegfahren! Du weißt doch, zurzeit findet in Nagold die Landesgartenschau statt. Ich habe bei der Verwaltung angerufen. Man kann dort kostenlos Rollstühle ausleihen, damit auch gehbehinderte Menschen die Anlagen besichtigen können.“

Anna ist von Jochens Vorschlag sehr angetan. Auf diese Idee wäre sie nicht gekommen. Also fahren die beiden nach Nagold. Am Eingang des Gartenschaugeländes steht eine große Anzahl von Rollstühlen bereit. Jochen hilft seiner Frau beim Einsteigen, denn sie stellt sich etwas unbeholfen an. Schließlich ist es das erste Mal, dass sie einen Rollstuhl benützt. Sie staunt, wie bequem man sitzt und ist glücklich, dass sie, ohne einen Schritt zu tun, das Gelände erkunden kann. Mit großem Vergnügen schiebt Jochen den Rollstuhl vor sich her. Könnte Anna gehen, hätte er wohl den Weg bestimmt, doch nun geht er bereitwillig auf ihre Wünsche ein. Sie braucht nur ein Zeichen zu geben, schon fährt er zu diesem Beet, an jenen See, über diese Brücke, durch jenes Gewächshaus. Da Anna tief sitzt, ist sie den Pflanzen ganz nahe. Sie riecht intensiv den feinen Duft der Blumen und streicht mit den Händen über die Blätter des Salbei, der Zitronenmelisse, des Lavendel. So kann sie den aromatischen Geruch dieser Kräuter in vollen Zügen genießen. Und Jochen ist auch glücklich, dass er Anna seine Beine leihen und sie überall hinbringen kann, wohin sie möchte.

Nach drei Stunden wird Anna das Sitzen im Rollstuhl beschwerlich. Jochen hilft ihr beim Aufstehen. Anna setzt sich auf eine Bank neben einem Seerosenteich. Sie beobachtet die Frösche, die sich am Ufer sonnen und bei der geringsten Bewegung blitzschnell ins Wasser springen. Da Jochen noch nie in einem Rollstuhl saß, möchte er diese Erfahrung selbst einmal machen. Er ist erstaunt, wie gut er zurechtkommt, wie schnell er sich vorwärts, rückwärts, selbst im Kreis bewegen kann, wenn er kräftig in die Räder greift. So einen Rollstuhl könnte man glatt als Trainingsgerät zur Stärkung der Arm- und Brustmuskulatur benutzen, denkt er. Auch weiß er nun, sollte er eines Tages nicht mehr gut zu Fuß sein, wäre er immer noch einigermaßen mobil. Allein Treppen und hohe Absätze kann er ohne Hilfe nicht überwinden. Er erkennt nun, wie wichtig für gehbehinderte Menschen barrierefreie Wege sind, und was es für sie bedeutet, wenn Aufzüge nicht funktionieren.

Dank des Ausflugs zur Landesgartenschau sind am Ende des Tages Jochen und Anna um einige wertvolle Erfahrungen reicher. Er hat erkannt, welche Befriedigung, ja sogar Freude man verspürt, wenn man anderen Menschen helfen kann. Und Anna? Sie hat eine ganz neue Eigenschaft ihres Mannes kennengelernt. So fürsorglich, so hilfsbereit, so gerne auf ihre Wünsche eingehend hat sie ihn noch nie erlebt. Sie weiß nun, dass sie sich auf ihn verlassen kann. Am Abend dieses ereignisreichen Tages hat Anna fast vergessen, dass sie ihre Cousine in Hamburg besuchen wollte. Und auch die Schmerzen in ihrem Knie haben nachgelassen.

Eier kaufen

Andreas und Hanna sind ein junges Paar. Sie haben wenig Geld und können sich keine teuren Reisen leisten. Also fahren sie im Urlaub nach Kroatien. Ihr Kleinwagen ist bis unters Dach vollgepackt mit Lebensmitteln, Kleidern und der Campingausrüstung. An der Adriaküste finden sie einen Stellplatz, der ganz ihren Wünschen entspricht. Er liegt direkt an der Steilküste unter Pinien, die wohltuenden Schatten spenden. Durch das Geäst blickt man hinaus auf die Adria, die tiefblau leuchtet. In der Ferne zeichnet sich wie der dunkle Rücken eines Wales eine Insel ab. Mit wenigen Schritten sind Andreas und Hanna unten am felsigen Ufer. Das Schwimmen und Schnorcheln in dem glasklaren Wasser bereitet ihnen großes Vergnügen. Wenn sich der Hunger meldet, kehren sie zu ihrer Terrasse über dem Meer zurück. Vor dem Zelt bereitet Hanna mit dem Gaskocher einfache Speisen zu. Mal gibt es Spaghetti mit Tomatensoße, ein anderes Mal gefüllte Pfannkuchen oder Grießbrei mit Apfelmus. An der frischen Luft, umgeben von einer zauberhaften Natur, schmeckt ihnen das Essen wie das feinste Menu in einem guten Restaurant. Der schönste Teil des Tages ist immer der Abend, wenn die Sonne tiefer sinkt und eine glitzernde Lichtspur auf das Meer zaubert. Bei einer Flasche Wein sitzen die beiden jungen Leute bis spät in die

Nacht hinein auf ihrer Terrasse. Sie beobachten, wie die Sonne untergeht und sich der Himmel zuerst gelb, dann orange und schließlich dunkelrot färbt. Erst als es ganz dunkel geworden ist und sich über ihnen ein Sternenhimmel von ungeahnter Pracht wölbt, ziehen sie sich in ihr Zelt zurück. Im Halbschlaf hören sie noch lange das Zirpen der Grillen.

Einige Ausflüge führen Andreas und Hanna in die nähere und weitere Umgebung des Zeltplatzes. Mit dem Schiff fahren sie hinüber zu ‚ihrer' Insel. Sie bummeln über die Uferpromenade der kleinen Hafenstadt und durch die engen Gassen des alten Ortskerns. In einer Weinlaube kehren sie ein. Der schwere dalmatinische Rotwein passt vorzüglich zu dem frisch zubereiteten Fisch, den ihnen die freundliche Wirtin serviert. Leicht beschwipst kehren die beiden Urlauber am späten Abend zum Campingplatz zurück.

Einmal unternehmen Andreas und Hanna mit ihrem Wagen einen Ausflug, der sie weit ins Hinterland führt. Sie wandern über macchiabestandene Berghänge, wo die Luft intensiv nach Lavendel, Thymian und Salbei riecht. Eine willkommene Erfrischung bietet ihnen das Bad unter einem Wasserfall, der sich in mehreren Kaskaden von einem Becken ins nächste ergießt. Dagegen ist der Uracher Wasserfall, den sie von ihren Wanderungen auf der Schwäbischen Alb kennen, ein spärliches Rinnsal.

Auf der Rückfahrt besprechen Andreas und Hanna, was man zum Nachtessen zubereiten könnte. Er möchte gerne Rühreier mit frischem Landbrot essen. Hanna ist gleich einverstanden. In einem abgelegenen Dorf entdecken sie ein kleines Lebensmittelgeschäft. Sie treten ein und schauen sich um. Weder auf dem Ladentisch noch in den Regalen sehen sie Eier. Wie sollen sie sich verständigen? Andreas und Hanna wissen nur, dass ‚guten

Tag‘ auf kroatisch ‚dobar dan‘ und ‚auf Wiedersehen‘ ‚dowy djenia‘ heißt.. Der Kaufmann und seine Frau dagegen sprechen kein Wort Deutsch. Andreas hat eine Idee. Er gackert wie eine Henne und malt ein Ei in die Luft. Die Ladenbesitzerin schaut ihn verdutzt an. Sie denkt, der junge Mann sei verrückt geworden. Aber dann geht ihr ein Licht auf. Sie läuft zur Kühltruhe und bringt ein Huhn. Andreas schüttelt den Kopf und fängt erneut an zu gackern. Mit einer Hand malt er wieder ein Ei in die Luft, mit der anderen zeigt er die Zahl ‚vier‘ an. Die Frau verschwindet wieder und kehrt mit vier Hühnern zurück. Mit einem Kopfschütteln zeigt Andreas an, dass sie nicht das Gewünschte gebracht hat. Nun nimmt sich Hanna der Sache an. In praktischen Dingen ist sie viel geschickter als ihr Mann. Auf ein Blatt Papier malt sie eine Henne. Diese streicht sie anschließend durch. Dann markiert sie mit einem Pfeil das Löchlein an ihrem Hinterteil, malt darunter ein Ei und schreibt eine Vier dahinter. Der Kaufmann versteht sofort. Er verlässt den Raum und kommt mit fünf Eiern zurück. Hat er nicht gesehen, dass Hanna eine Vier notiert hat? Aber nein, er schenkt Andreas und Hanna ein Ei. Ein derart lustiges Missverständnis hat er noch nie erlebt. Die kroatischen Kaufleute und die Urlauber aus Deutschland müssen herzhaft lachen. Das Missverständnis hat zu einem weiteren schönen Beispiel für Völkerverständigung geführt, und das ohne Worte!

Das Saitenwürstchen

Als Dietmar noch ein Schulkind war, verbrachte er die Sommerferien regelmäßig mit seiner Mutter in Rechtenstein an der oberen Donau. Herr Metz, ein Kollege seines Großvaters, brachte die beiden Urlauber mit seinem

Mercedes 180 V ans Ziel. Die achtzig Kilometer lange Reise erschien Dietmar unendlich lang. Obwohl Herr Metz im Krieg einen Arm verloren hatte, beherrschte er seinen Wagen aus dem Effeff. Gebrauchte er den gesunden Arm anderweitig, dann lenkte er mit dem Knie. In Rechtenstein fühlte sich Dietmar sehr wohl. Der Ort bot so viel Interessantes: Eine Burg und eine Kirche hoch oben auf dem Berg, zerklüftete Felsen und eine romantische Höhle. Wenn er dann die steilen Stufen hinaufstieg und durch den schmalen Spalt ins Innere der Grotte eindrang, fühlte er sich in die Steinzeit versetzt. Er dachte, jederzeit könne ihm Rulaman begegnen oder ein Bär aus dem finsteren Ende der Höhle hervorkommen.

Dietmar und seine Mutter bewohnten ein einfaches Pensionszimmer, in dem es weder fließend Wasser noch eine Toilette gab. So wuschen sie sich morgens an einer großen Porzellanschale, in die mit einem Krug Wasser gegossen wurde. Dieses stammte von einer kleinen Kaskade, die im hinteren Teil des Hauses von den Felsen herabrann. Dort befand sich auch die Toilette ohne jeden Komfort, aber immerhin mit natürlicher Wasserspülung. Dietmar fand das sehr lustig. Das musste er seiner Oma in Stuttgart mitteilen. Die letzten Sätze auf seiner Postkarte lauteten: „Ich fülle mich hir in Rechenstein serr woll. Das Ässen ist gutt. Der Abort ist in die Felzen eingebaut."

Nicht nur der originellen Unterkunft wegen verbrachte Dietmar die Ferien gerne in Rechtenstein. Er fand dort auch viele Spielkameraden. Unter ihnen waren sowohl einheimische Buben und Mädchen, als auch Kinder von anderen Urlaubern. Am liebsten kletterte er mit seinen Freunden den sonnendurchglühten Hang hinauf, wo Thymian und Salbei einen intensiven Geruch verströmten. Zum ersten Mal sah er dort prächtige Silberdisteln. Als Dietmar eines Tages den Weg am Fuße der

Felsen entlangging, kam ihm plötzlich eine Gruppe von sechs oder acht Kühen entgegen. Als Junge aus der Stadt fürchtete er sich dermaßen vor den Tieren, dass er augenblicklich Reißaus nahm und sich im Gebüsch versteckte. Die anderen Kinder, insbesondere jene, die von einem Bauernhof stammten, lachten Dietmar aus und nannten ihn fortan ‚Torero'. Dabei war er gar nicht feige. Ganz im Gegenteil. Da er die morgendliche Prozedur an der Porzellanschüssel nicht mochte, lief er manchmal über die Brücke zum Donaustrand hinüber und wusch sich dort. In der ersten Zeit watete er nur im flachen Wasser. Dann wagte er sich immer tiefer hinein. Ein Mädchen brachte ihm das Schwimmen bei. Auch das Radfahren lernte er in Rechtenstein, obwohl ihm dort nur ein großes Herrenfahrrad zur Verfügung stand. Natürlich konnte er nicht auf dem Sattel sitzen. Mit Mühe streckte er das rechte Bein unterhalb der waagrechten Stange zum Pedal durch. Wackelig und ziemlich schief unternahm er seine ersten Fahrversuche. Bald konnte er an der Bahnlinie entlang bis nach Obermarchtal fahren. Einmal stürzte er und schlug sich an den spitzen Schottersteinen ein Knie auf. Dennoch klagte er nicht und radelte unverdrossen weiter. Er war keineswegs ein feiger, sondern ein tapferer Junge. Dennoch wurde er seinen Spitznamen ‚Torero' nicht los.

Das Nachtessen nahm Dietmar mit seiner Mutter stets im ‚Gasthaus Brücke' ein. An den anderen Tischen saßen weitere Urlauber sowie eine gewisse Frau Dast. Diese war im ganzen Dorf bekannt, weil sie sich wie ein kleines Mädchen vor Gewittern fürchtete. Vielleicht hatte sie als Kind erlebt, wie ein Bauernhof niederbrannte oder jemand vom Blitz erschlagen wurde. Nun gab es eines Abends Dietmars Leibspeise. Als er die Saitenwürstchen und den Kartoffelsalat auf seinem Teller sah, lief ihm das Wasser im Mund zusammen. Obwohl die Mutter ihn ermahnte, er solle warten, bis auch die anderen am Tisch ihr Essen bekämen, fing Dietmar gleich an zu essen. Im Nu war ein Saitenwürstchen vertilgt. Ständig schielte er nun zum Teller seiner Mutter hinüber, die langsam gegessen und erst ein halbes Würstchen verzehrt hatte. Schließlich überwand er sich und fragte:

„Mama, gibst du mir dein Würstchen? Ich habe noch Hunger!“

„Kommt gar nicht in Frage! Ich möchte es selber essen. Warum hast du auch so schnell gegessen? Kein Wunder, dass du immer noch Hunger hast. Im Übrigen steht hier eine große Schüssel Kartoffelsalat. Da kannst du dich bedienen.“

Dietmar fand sich damit ab, dass er auf das Würstchen seiner Mutter verzichten musste. Doch dann kam ihm der Wettergott zu Hilfe. Von Westen her zog ein schweres Gewitter auf. Zuerst sah man am Horizont nur ein schwaches Wetterleuchten und der Donner grollte leise in der Ferne. Frau Dast wurde unruhig. Die Gewitterfront kam schnell näher. Das Blitzen wurde heller, das Donnergepolter immer lauter. Jedes Mal stieß Frau Dast ein ‚hu‘ aus, mal leiser, mal lauter. Plötzlich erhellte ein greller Blitz die Stube. Im gleichen Augenblick ließ ein ohrenbetäubender Donnerschlag die Wände erzittern. Frau Dast schrie mit schriller Stimme ‚hu‘, als sei sie soeben vom Blitz getroffen worden. Gleichzeitig ging das Licht aus. Auch draußen im Dorf erloschen die Lampen. Es war stockdunkel. Niemand konnte weiteressen. Hektisch wurden Kerzen und Streichhölzer gesucht. Noch ehe die erste Flamme ein schummriges Licht verbreitete, stibitzte Dietmar unbemerkt das Saitenwürstchen vom Teller seiner Mutter. Schnell aß er es auf. Nach einer Weile ging das Licht wieder an. Dietmars Mutter merkte gleich, dass ihr Würstchen verschwunden war. Sie ahnte schon, wer es entwendet hatte und fragte Dietmar: „Hast du vielleicht mein Saitenwürstchen weggenommen?“

„Aber nein, Mama! Du hast es doch vorhin selbst gegessen. Hast du das vergessen?“

An Dietmars schelmischem Grinsen erkannte die Mutter sofort, wer der Dieb war. Es blieb dem Jungen nichts anderes übrig, als seine Übeltat einzugestehen. Mit strenger Stimme schimpfte die Frau Mama:

„Das ist doch die Höhe! Du hast mein Saitenwürstchen weggenommen! Gib es sofort zurück.“

„Ich würde es dir gerne zurückgeben, Mama, aber das geht leider nicht. Ich habe es schon gegessen“, antwortete Dietmar und lachte spitzbübisch.

Die griechische Vase

Herr und Frau Baier verbrachten zusammen ihren Urlaub in Griechenland. Sie besuchten die Meteoraklöster und die Ruinen von Delphi, bestiegen den Olymp und fuhren mit dem Schiff zur Insel Santorin. Während der letzten Tage hielten sie sich in Athen auf. Nach der Besichtigung der Akropolis verbrachten sie noch einige Stunden im Nationalmuseum. Am besten gefielen Frau Baier die elegant geformten Vasen, auf denen Szenen mit Ringkämpfern und Liebespaaren, stolzen Helden und schönen Frauen in filigraner Technik aufgemalt waren. Frau Baier bewunderte die Leistung der Archäologen, die in mühevoller Arbeit aus kleinsten Bruchstücken die Gefäße wieder zusammengefügt hatten. Die feinen Risse erhöhten den künstlerischen Reiz der Objekte, denn sie zeigten an, es handelte sich nicht um Repliken, sondern um antike Originale. Allzu gerne hätte Frau Baier eine solche Vase besessen. Doch sie wusste, diese Gefäße waren unverkäuflich. So erstand sie im Museumsshop eine Nachbildung, die allerdings keine Risse aufwies.

Zuhause stellte Frau Baier die Vase auf ihr Buffet. Sie freute sich jedes Mal, wenn sie das kunstvolle Objekt sah, das sie an die schönen Tage in Griechenland erinnerte. Doch eines Samstags geschah ein Unglück. Beim Staubsaugen stieß Herr Baier die Vase herunter, und diese zerbrach in tausend Teile. Seine Frau hatte das Poltern gehört und eilte ins Wohnzimmer. Als sie die Scherben ihrer Vase sah, weinte sie und warf ihrem Mann vor, er hätte nicht aufgepasst. Auch er war traurig. Schweren Herzens fegte er die Bruchstücke zusammen, um sie in der Küche zu entsorgen. Als die Scherben in den Abfalleimer fielen, da fand er, sie seien viel zu schade zum Wegwerfen, und das brachte ihn auf eine Idee. Wie ein Archäologe fügte er im Hobbykeller, den seine Frau nur selten betrat, die Einzelteile mit Hilfe eines Spezialklebers zusammen. Die tagelange mühevolle Arbeit an diesem dreidimensionalen Puzzle machte ihm Spaß, und eines Tages war das Werk vollendet. Die Vase stand in alter Schönheit vor ihm. Durch die feinen Risse an ihrer Oberfläche glich sie sogar dem antiken Original.

In der Nacht stellte Herr Baier die wiederhergestellte Vase auf das Wohnzimmerbuffet. Als seine Frau am nächsten Morgen ihr liebstes Erinnerungsstück wiedersah, traute sie ihren Augen nicht. Ihr Mann hatte es doch beim Staubsaugen zertrümmert, und nun stand es wieder auf dem Buffet. Hatte er sich etwa vom Museumsshop in Athen eine neue Vase schicken lassen? Aber das konnte nicht sein, denn die antiken Objekte mit Rissen waren unverkäuflich. Als Herr Baier das Zimmer betrat und dabei verschmitzt lächelte, wusste seine Frau sogleich, er hatte die Bruchstücke wieder zusammengesetzt. Sie freute sich unbändig, fiel ihm um den Hals und küsste ihn links und rechts auf die Wangen. Dann sagte sie:

„Ich danke dir, lieber Herbert! Du bist wirklich genial! Du hättest nicht Buchhalter, sondern Archäologe werden sollen. Nun habe ich eine Vase, die aussieht wie das antike Original. So eine habe ich mir schon damals in Athen gewünscht. Und bitte, tu mir den Gefallen und pass beim Staubsaugen in Zukunft besser auf!“

Eulenspiegel in Esslingen

Nachdem er in Stuttgart sein Unwesen getrieben hat, begibt sich Eulenspiegel in die stolze Freie Reichsstadt Esslingen. Frohgemut schreitet er über die Pliensaubrücke hinein in das Labyrinth der Gassen und pfeift dabei sein Lied. Er ist sich sicher, in einer Bäckerei eine Anstellung zu finden. Nicht weit vom Rathaus entfernt trifft er auf einen stattlichen Fachwerkbau. Über der Tür ist ein Schild mit einem Einhorn angebracht. Ob das wohl eine Wirtschaft ist? Als Till der Duft von frisch gebackenem Brot in die Nase steigt, weiß er sofort, das kann nur eine Bäckerei sein. Ohne anzuklopfen betritt er die Backstube. Dabei kommt er dem Meister in die Quere, der gerade die knusprig gebackenen Laibe aus dem Ofen holt.

„Tollpatsch!“, schimpft der Bäcker. „Fast wäre ich mitsamt meinen Broten hingefallen. Was willst du denn hier?“

Ohne sich zu entschuldigen antwortet Till frech: „Merken Sie sich, ich bin kein Tollpatsch, sondern ein tüchtiger Bäckergeselle. Sechs Jahre lang habe ich in Stuttgart vom frühen Morgen bis zum späten Abend fleißig in einer Bäckerei gearbeitet. Mein Meister war sehr zufrieden mit mir. Leider ist er vor zwei Wochen gestorben. Das Geschäft wurde geschlossen. Deshalb bewerbe ich mich bei Ihnen um eine Stelle als Bäckergeselle."

Der Chef der Bäckerei ‚Einhorn' findet zwar Eulenspiegels Verhalten ziemlich unverfroren, aber er denkt, wenn er so fleißig ist, kann ich ihn einstellen. Till freut sich über seinen neuen Arbeitsplatz und legt sich mächtig ins Zeug. Der Meister ist sehr zufrieden mit ihm. Doch Till ärgert sich, denn sein Chef lässt sich immer nur für kurze Zeit in der Backstube blicken. Er ist ein Faulpelz. Meistens fährt er morgens um neun mit seinem Pferdewagen los, um Mehl, Zucker und andere Backzutaten zu besorgen. Nach dem Einkauf hängt er den halben Nachmittag lang in den Kneipen herum. Abends erscheint er nochmal in der Backstube und schaut sich an, was Till gebacken hat. Unter dem Vorwand, er müsse noch die Buchhaltung erledigen, zieht er sich schon bald in seine Wohnung zurück. Dort spielt er mit seinen Freunden Karten und trinkt die eine oder andere Flasche Wein. Er braucht sich um nichts zu sorgen. Schließlich schuftet sein neuer Geselle für ihn. Von Tag zu Tag ärgert sich Till mehr über das Verhalten seines Chefs. Er sinnt auf Rache. Aber er ist schlau und wartet auf die günstige Gelegenheit.

Am Monatsende ist Zahltag. Mit der Begründung, er brauche neue Kleider, bittet Till den Meister um einen Vorschuss von zwei Monatslöhnen. Die Kunden würden ihn mittlerweile auf der Straße erkennen, meint er, und es wirke sich sicherlich umsatzfördernd auf das Geschäft aus, wenn er einen guten Eindruck hinterlasse. Geldgierig wie der Meister ist, lässt er sich überzeugen und rückt 120 Taler heraus. Anschließend gibt er Till den Auftrag, bis zum nächsten Morgen zehn Sandkuchen und vierzig Blätterteig-Hörnchen zu backen. Dann verabschiedet er sich. Faul liegt er in seiner Wohnung auf dem Sofa, trinkt eine Flasche Bier und unterhält sich nebenbei mit seiner

Frau. Noch ahnt er nicht, was drunten in der Backstube vor sich geht.

Trotz der harten Arbeit, die ihn stundenlang auf Trab hält, ist Till guter Dinge. Viel Geld hat er seinem Chef abgeluchst. Die Gelegenheit, ihm zu schaden, ist gekommen. Hat der Meister nicht gesagt, er solle Sandkuchen und Blätterteig-Hörnchen backen? Das wird er gerne tun. Mit einem Eimer und einem Sack läuft er hinaus in die Nacht. Den Eimer füllt er an einer Baustelle mit Sand. In den Sack stopft er Blätter, die er im Stadtpark von den Büschen abgezupft hat. Dann macht er sich ans Werk. Bis nachts um ein Uhr backt er Kuchen aus einer Mischung von Sand und Mehl, sowie vierzig mürbe Hörnchen, gefüllt mit Blättern. Nur vier Stunden lang kann Till in dieser Nacht schlafen, denn bereits am frühen Morgen muss er wieder arbeiten. Er schlingt gerade die Brezeln, als der Meister gähnend und noch schlaftrunken die Backstube betritt. Ein penetranter Geruch steigt ihm in die Nase. Till freut sich diebisch darauf, dem Faulpelz zu zeigen, woher der Gestank kommt. Als der Meister die Bleche mit den Blätterteig-Hörnchen sieht, bekommt er einen Wutanfall.

„Du Idiot!“, schreit er Till an. „Was hast du angerichtet! Das Zeug kann ich niemals verkaufen! Das sollst du bitter büßen! Du wirst mir den Schaden ersetzen! Das Geld werde ich dir von deinem Lohn abziehen. Wie kommst du überhaupt darauf, einen solchen Unfug zu treiben?“

„Sie haben doch gesagt, ich solle Blätterteig backen, und das habe ich getan“; erwidert Till seelenruhig und grinst dabei hämisch.

Eigentlich will der Meister den widerspenstigen Gesellen sofort entlassen, aber er zögert. Schließlich hat er ihm 120 Taler Lohnvorschuss gegeben. Außerdem hätte er keinen Gesellen mehr, der sich für ihn abplagt. Also verzichtet er zähneknirschend auf die Entlassung. Während Till seelenruhig den Brotteig knetet, hört er plötzlich ein furchtbares Geschrei. Er horcht. Im Laden muss der Teufel los sein. Was ist passiert? Ständig kommen erboste Kunden, die sich beschweren, der Sandkuchen enthalte Sand. Es sei schrecklich, wie er beim Verzehr zwischen den Zähnen knirsche. Das ganze Frühstück sei verdorben worden. Immer mehr Leute drängen sich in der Ladenstube. Sie schwören, nie mehr bei der Bäckerei ‚Einhorn' einzukaufen. Der Meister kommt in arge Bedrängnis. In einem Anfall von furchtbarem Jähzorn stürzt er in die Backstube. Er will Eulenspiegel ohrfeigen, doch der duckt sich weg, und der Schlag geht ins Leere. Völlig außer sich schreit der Meister: „Saukerl, elender! Du bist entlassen!"

Till ist das gerade recht. Darauf hat er nur gewartet. Laut lachend verlässt er die Backstube und ruft im Weggehen dem Meister zu: „Warum regen Sie sich so auf? Ich habe doch nur befolgt, was Sie verlangt haben. Dann also auf Nimmerwiedersehen! Und vielen Dank auch für die großzügige Lohnvorauszahlung!"

Oberkoflers Bahnfahrt

Oberkofler ist ein rechter Bayer. Selbstsicher, derb, bodenständig. Er lebt in einem Dorf bei Berchtesgaden am Fuße des Watzmann. Seine Schwester wohnt in Hamburg. Wenn er sie früher besuchte, fuhr er immer mit dem Auto. Doch seit er die Siebzig überschritten hat, sieht er schlecht. Außerdem fühlt er sich dem hektischen, bisweilen dichten Verkehr auf der Autobahn nicht mehr gewachsen. Die rasante Geschwindigkeit, die riskanten

Fahrmanöver und die vielen Staus nerven ihn. Darum beschließt er, die Bahn zu nehmen. Er löst eine Fahrkarte für den Intercity Express von München nach Hamburg. Abfahrt 21.45 Uhr, Ankunft 7.12 Uhr.

„So kann ich die Nacht bequem im Schlafwagen verbringen und komme ausgeruht in Hamburg an“, denkt sich Oberkofler. Wie üblich hat der Zug fast eine Stunde Verspätung. Es wird 23 Uhr, bis er sich endlich ins Bett legen kann. Das gleichmäßige Rattern der Räder schläfert ihn ein, und so überwältigt ihn bald ein wohltuender Schlummer. Irgendwann in der Nacht wacht Oberkofler auf. Der Intercity ist stehengeblieben. Oberkofler schiebt den Vorhang zur Seite und schaut durchs Fenster. Zwischen gigantischen Eisenträgern blickt er hinunter auf einen breiten Fluss. Das kann nur der Rhein oder der Main sein. Der Zug ist mitten auf der Brücke stehengeblieben. Im Lautsprecher hört man, wegen einer technischen Störung könne die Fahrt nicht fortgesetzt werden. Der Schaden werde in Kürze behoben. Die ‚Kürze‘ dauert 45 Minuten. Einige Fahrgäste werden ungeduldig und wollen aussteigen. Doch die Tür lässt sich nicht öffnen. Das ist auch besser so, denn wer will schon aus sechs Metern Höhe ins Wasser springen oder auf den Schienen zum nächsten Bahnhof laufen?

Endlich setzt sich der Zug wieder in Bewegung. Oberkofler schläft wenig später ein. Da er unter Blasenschwäche leidet, muss er bald die Toilette aufsuchen. Noch schlaftrunken tappt er den Gang entlang und erleichtert sich im WC. Auf dem Rückweg verwechselt er das Abteil. Als er sich ins Bett legen will, zerreißt der schrille Schrei einer Frau die Stille. Gleichzeitig bohren sich spitze Fingernägel in seinen Rücken.

„Jo Himmiherrgottsakrament, wos is denn dös? Do liegt oane in mei’m Bett!“, schreit Oberkofler in einem

Anfall von Jähzorn.

„Das ist nicht ihr Bett, es ist meines“, schimpft eine Dame. „Gehen Sie sofort raus!“

Jetzt erst merkt Oberkofler, dass er das Abteil verwechselt hat. Mühsam wälzt er sich vom Bett der Frau herunter und mit einem knappen ‚entschuldigen’S‘ stolpert er hinaus auf den Gang. Beim zweiten Versuch findet er tatsächlich das richtige Abteil, legt sich hin und schläft seelenruhig weiter. Als er aufwacht, ist es bereits hell geworden. Der Zug fährt durch flaches Land mit weiten, saftig-grünen Wiesen. Keine Berge, kein Watzmann weit und breit. Das kann nur die norddeutsche Tiefebene sein. Er geht in den Restaurantwagen und setzt sich gegenüber einer Dame auf den einzigen noch freien Platz. Als er die Speisekarte liest, läuft ihm das Wasser im Mund zusammen. Es gibt doch tatsächlich Weißwürste mit süßem Senf und das berühmte Paulaner Weißbier. Während er schmatzend sein Frühstück vertilgt, schaut ihn die Frau gegenüber irgendwie komisch an. Mit bayerischer Selbstsicherheit fragt er, was denn los sei, ob ihr irgendetwas an ihm nicht gefalle. So kommen die beiden Bahnreisenden miteinander ins Gespräch. Bis zum Ende der Frühstückszeit wird die Unterhaltung immer vertraulicher. Oberkofler erfährt, dass die Dame Hamburgerin ist. Das hat er bereits an ihrer gepflegten Aussprache mit dem ‚spitzen Stein‘ und ihrem feinen hanseatischen Benehmen erkannt. Während Oberkofler den letzten Zipfel seiner Weißwurst verspeist, erzählt ihm seine Gesprächspartnerin, sie sei in der Nacht von einem Rüpel gestört worden, der einfach ins Abteil gekommen sei und sich zu ihr ins Bett gelegt habe. Anschließend sei dieser ungehobelte Kerl ohne gebührende Entschuldigung weggegangen.

„Dös woa fai i!“, bekennt Oberkofler freimütig. „I bitt‘

Sie vielmols um Entschuldigung!“

Die Dame ist bereit, Oberkofler zu verzeihen. So einem bayerischen Original kann man einfach nicht böse sein. Es ist schon nach zehn, als der Zug in Hamburg-Altona einfährt. Oberkoflers Schwester hat im Internet nachgeschaut und weiß, der Intercity kommt wie üblich mit großer Verspätung an. Sie erwartet den Bruder auf dem Bahnsteig. Plötzlich entdeckt sie ihn in der Menschenmenge. Er kommt in Begleitung einer feinen Dame. Links trägt er seinen eigenen, rechts den Koffer der Frau. Angeregt unterhält er sich mit ihr. Die Schwester bemerkt er erst, als sie auf ihn zukommt, ihn in ihre Arme schließt und ihm links und rechts einen Begrüßungskuss auf die Wange drückt.

„Herzlich willkommen in Hamburg, Alois!“, sagt sie „Ich freu‘ mich so, dass du gekommen bist. Aber sag‘ mal, wer war eigentlich die Dame, die dich begleitet hat?“

„A Zufollsbekonntschoft,“ antwortet Oberkofler. „Se isch im Speisewog’n beim Frieschdick mir gegenieber g’sessn und mir hom uns von Hannover bis Hamburg guat onderholt’n.“

Auf welch ungewöhnliche Weise Oberkofler schon in der vorhergehenden Nacht mit der Dame in Kontakt kam, das verschweigt er lieber.

Mein Großvater

Wenn ich in den Spiegel schaue, dann denke ich manchmal, mein Großvater stehe vor mir. Und je älter ich werde, desto mehr gleicht sein Gesicht dem meinigen. Es sind zweifellos die Erbanlagen, die diese Ähnlichkeit hervorrufen. Aber nicht nur unser Äußeres, auch manche Charakterzüge haben wir von unseren Vorfahren geerbt.

Zwei Eigenschaften, über die ich nun berichten will, stammen ganz eindeutig von meinem Großvater.

Mein Großvater war ein großer Läufer, und ich bin es auch. Das lange Stillstehen und Stillsitzen fiel ihm schwer. Ein nie endender Bewegungsdrang trieb ihn an. Oft fuhr er von unserem Haus im Stuttgarter Osten mit der Straßenbahn zur Innenstadt. Während die anderen Fahrgäste geduldig an der Haltestelle warteten, ging mein Großvater unablässig mit schnellen Schritten auf und ab. Verspätete sich die Bahn um zehn Minuten, dann hätte er schon längst sein Ziel zu Fuß erreicht. Anstatt hin und her brauchte er nur geradeaus in Richtung Hauptbahnhof zu gehen.

Diese Ruhelosigkeit führte eines Tages zu einem Missgeschick, über das sich nicht nur die Verwandtschaft, sondern ein ganzes Dorf amüsierte. Geboren in Weiler zum Stein bei Winnenden, besuchte mein Großvater häufig seine Familienangehörigen. Eines Tages wurde eine große Hochzeit gefeiert. Die Nichte meines Großvaters heiratete. Wie auf dem Land unter reichen Bauern üblich, erschienen nach der Einsegnungsfeier im Haus der Brauteltern neben den geladenen Gästen auch zahlreiche Nachbarn, um den Frischvermählten zu gratulieren. Die meisten blieben nicht allzu lange. Für so viele Menschen hätte ohnehin der Platz in der Stube nicht ausgereicht. Traditionell bot man den Besuchern ein Glas Wein oder eine Tasse Kaffee an. Dazu wurden verschiedene Kuchen gereicht. Zwei Tage lang hatten die Brautmutter und ihre Helferinnen mit großer Mühe im Backhaus dreißig verschiedene Kuchen und Torten gebacken. Nun ergab sich ein Problem. Wo sollten all diese Backwaren gelagert werden? Jemand kam auf die Idee, sie im Schlafzimmer auf dem Boden um die Ehebetten herum auszulegen. Um die Fliegen abzuhalten, bedeckte man die Kuchen mit Leintüchern. Außerdem ließ man die Rollläden herunter, damit es im Raum kühl blieb.

Die Hochzeitsfeier war bereits in vollem Gange. Angeregt unterhielten sich die Gäste. Irgendwann wurde meinem Großvater das lange Sitzen lästig. Zuerst lief er im Wohnzimmer auf und ab, dann ging er hinaus auf den Gang und schließlich hinein ins Schlafzimmer. Die Brautmutter sah gerade noch, wie er hinter der Tür verschwand. Entsetzt schrie sie:

„Um Himmels Willen, Hermann, was machst du denn? Komm sofort raus!"

Mein Großvater erschien an der Tür. Das Licht wurde angeknipst. Im Schlafzimmer sah es aus, als habe jemand im Neuschnee seine Spuren hinterlassen. Besonders dort, wo die Obstkuchen lagen, hatte der Saft die Leintücher durchtränkt. Die Brautmutter jammerte.

„Ach, herrje, Hermann, was hast du bloß angerichtet! Hast du denn gar nicht gemerkt, dass im Schlafzimmer unsere Kuchen liegen?"

„Doch, doch! Gemerkt hab' ich's schon. Aber eben nicht gleich. Es war doch stockdunkel. Erst nach ein paar Schritten hab' ich gespürt, dass der Boden ganz weich ist. An manchen Stellen bin ich sogar ausgerutscht. Da lagen wahrscheinlich die Torten."

Die übrigen Hochzeitsgäste merkten natürlich gleich, etwas Ungewöhnliches war vorgefallen. Sie liefen zum Schlafzimmer. Als sie von dem Missgeschick meines Großvaters erfuhren, waren die einen entsetzt, andere dagegen amüsierten sich. Schließlich kehrte sogar ein Lächeln in das Gesicht der Brautmutter zurück. Zusammen mit ihren Helferinnen besah sie sich den Schaden.

Neun Kuchen waren zertrampelt. Die Reste konnte man dennoch essen, denn die Leintücher hatten sie geschützt. Die Gäste nahmen die Sache mit Humor. Genüsslich aßen sie die Bruchstücke.

„Endlich mal was Besonderes! Trampelkuchen statt Streuselkuchen!“, scherzte ein junger Bursche. „Beim Essen wird der Kuchen sowieso zermatscht. Also ist es doch egal!“, meinte ein anderer, erhob das Glas und sagte: „Auf das Wohl des Brautpaares und des lieben Hermann, der heute so viel zur Erheiterung der Festgesellschaft beigetragen hat.“

Mein Großvater war aber nicht nur ein großer Läufer. Er trank auch gerne Wein in geselliger Runde. Der Beruf, den er in jungen Jahren ausübte, war für ihn wie maßgeschneidert. Als Vertreter einer Fassgroßhandlung bereiste er mit Bus und Bahn das Land. Lange Strecken legte er zu Fuß zurück, was wiederum seiner Lauffreudigkeit entgegenkam. Jeder erfolgreiche Geschäftsabschluss wurde mit einem Umtrunk gefeiert. Bald kannte mein Großvater viele Gasthäuser Württembergs und deren Wirte. Fiel bei der Unterhaltung irgendein Ortsname, so wusste er sofort: „Ja, nach Mundelsheim am Neckar komme ich dreimal im Jahr. Neben der Kirche ist die ‚Sonne‘, gegenüber das ‚Jägerstüble‘, an der Straße nach Pleidelsheim der ‚Ochsen‘. Grabenstetten auf der Alb kenne ich natürlich gut. Da gibt‘s den ‚Hirsch‘, das ‚Lamm‘ und den ‚Löwen‘.“ So ging das in einem fort. Manche Leute nannten meinen Großvater den ‚lebenden Gaststättenführer Württembergs‘.

Wie mein Großvater trinke auch ich gerne ein ‚Viertele‘ in netter Gesellschaft. Am liebsten besuche ich am Abend eine Besenwirtschaft. Oft begleitet mich meine Frau. Manchmal werden ihr jedoch die Besenbesuche zu viel.

„Jetzt waren wir doch erst vorgestern beim Zaiss!“, erklärt sie dann. „Da will ich heute nicht schon wieder hingehen. Außerdem muss ich die Steuererklärung fertig machen. Geh‘ von mir aus alleine!“

Eigentlich wollte ich zu Hause bleiben und meiner Frau helfen. Doch ein unbestimmtes Gefühl trieb mich in den ‚Besen‘. Als ich dort am Tisch saß, plagte mich ein wenig das schlechte Gewissen. Ich dachte darüber nach, woher dieses suchtartige Verhalten wohl käme. Da fiel mir ein, was mir meine Mutter vor langer Zeit im Vertrauen erzählt hatte:

„Deine Oma hat es gar nicht leicht gehabt mit deinem Opa. Ständig ist er abends in die Wirtschaft gegangen, und sie musste alleine uns Kinder versorgen und den Haushalt in Ordnung bringen.“ In diesem Moment fielen alle Schuldgefühle von mir ab. Mir wurde klar, ich konnte ja gar nichts für mein Verhalten. Es waren die Gene meines Großvaters, die mich unwiderstehlich in die Besenwirtschaft trieben.

Die Ente Friederike

Das kleine Dorf Katzenbach liegt am Fuß der Schwäbischen Alb. Seine Bewohner sind sehr rührig. Es gibt einen Sportverein, einen Musikverein, einen Gesangverein und einen Landfrauenverein. Draußen vor dem Dorf liegt am Waldrand das Kleintierheim. Frau Bergmann, Lehrerin an der Grundschule, hat ihren Drittklässlern versprochen, dass sie die Tiere besuchen dürfen. Die Kleinen können es kaum erwarten, bis endlich der Tag gekommen ist, an dem es losgeht. Voll freudiger Erwartung wandern sie durch die Wiesen zum Waldrand hinauf. Herr Fuchs, der Vorsitzende des Kleintierzüchtervereins, empfängt die Buben und Mädchen am Tor. Auch er freut sich, denn er mag Kinder und führt sie gerne durch die Anlage. Zuerst wundern sich die Kinder über die stabilen Gitter, die jedes Gehege umgeben.

„Das ist ja wie in einem Zoo. Warum sind denn hier so viele Zäune?“, fragt ein Junge.

Herr Fuchs erklärt: „Wisst ihr, unsere Tiere sind Leckerbissen für die Raubtiere, die hier im Wald und auf den Wiesen leben. Ohne diese Zäune würde immer wieder der Fuchs kommen und sich ein Huhn oder eine Ente holen. Und das wollen wir vermeiden.“

Die Kinder lachen. Herr Fuchs wundert sich. Eigentlich ist es doch ein ernstes Thema. Er fragt die Kinder, was sie denn so lustig finden.

„Weil sie gesagt haben, der Fuchs würde kommen. Dabei heißen Sie doch selber Fuchs.“

Nun lachen die Kinder noch mehr und Herr Fuchs lacht mit. Er versteht Spaß und sagt zu dem Jungen: „Das hast du richtig erkannt, mein Lieber, aber es gibt einen Unterschied zwischen den beiden Füchsen. Ich bin ein lieber Fuchs und der, der unsere Hühner stiehlt, ist ein böser Fuchs. Nur wenn die Raubtiere unsere Schützlinge umbringen, werde ich auch böse. Man kann dann sagen: ‚Ich werde ‚fuchsteufelswild‘.“

Die Kinder finden diesen Ausdruck sehr witzig. Sie haben ihn vorher noch nie gehört. Ständig plappern sie vor sich hin: „Fuchsteufelswild… fuchsteufelswild… hahaha…Herr Fuchs wird fuchsteufelswild…hahaha!“

„Jetzt aber Schluss mit lustig“, meint Herr Fuchs nach einer Weile und fährt fort: „Aber es sind nicht nur die Füchse, die unsere Tiere holen, sondern auch Marder, Dachse und die vielen Katzen, die überall herumstreunen.“

„Heißt deshalb unser Dorf Katzenbach?“, will ein

Mädchen wissen.

„Nein, bestimmt nicht. Der Name ist uralt und hat eine ganz andere Bedeutung“, erklärt Frau Bergmann, die sich in der Heimatgeschichte auskennt.

Nun führt Herr Fuchs die Drittklässler durch die Anlage. Was es da nicht alles zu sehen gibt! Hühner, die gackern, und Hähne, die krähen. Tauben in verschiedenen Farben, die nebeneinander auf einer Stange hocken und gurren. Niedliche Kaninchen und Hasen von beachtlicher Größe. Eine Hasenmutter hat Junge, die sie gerade säugt. Das Nest hat sie mit Haaren von ihrem Bauchfell ausgepolstert. Vor allem die Mädchen finden es rührend, wie die Häsin ihre Jungen umsorgt.

Ein frecher Bengel macht sich darüber lustig und meint: „Ja, eine Menschenmutter würde das nie tun – sich Haare aus ihrem Bauchfell ausreißen und damit das Bett von ihrem Kind auspolstern!“ Diese Bemerkung finden Frau Bergmann und Herr Fuchs so lustig wie den allerbesten Witz. Unglaublich, dass ein Neunjähriger überhaupt auf so eine verrückte Idee kommt! Der Junge hat Humor. Und dann folgt der Höhepunkt des Tages. Herr Fuchs lässt die Kaninchen aus dem Stall. Frei hoppeln sie nun zwischen den Kindern herum. Leicht lassen sie sich einfangen. Das Streicheln genießen sie ebenso wie die Kleinen. Überall hocken Buben und Mädchen im Gras, halten ein Kaninchen im Arm und verwöhnen es liebevoll. Es ist ein Bild wie von einem Paradiesgarten, in dem Menschen und Tiere wie gute Freunde zusammenleben.

Noch mehr als die Karnickel gefallen einem Jungen die Hühner. Gerne hätte er eine Henne gestreichelt, die er besonders schön findet. Doch sie lässt sich nicht einfangen. Herr Fuchs weiß, wie man mit Federvieh umgeht. Er sagt dem Jungen, er solle sich auf einen Stuhl setzen und sich ruhig verhalten. Vorsichtig lockt Herr Fuchs die Henne mit einer Handvoll Körnern an und packt sie blitzschnell mit gekonntem Griff. Auf seinem Arm gackert sie noch eine Weile ganz aufgeregt, als wolle sie sich über die Aktion beschweren. Doch bald beruhigt sie sich wieder. Herr Fuchs setzt dem Jungen die Henne auf den Schoß, und der schaut sie unablässig liebevoll an und streichelt ihr Gefieder. Und das Erstaunliche dabei: Die Henne hält still! Sie scheint den Buben zu mögen. Frau Bergmann staunt. In der Schule ist der Bursche einer der wildesten der Klasse, der oft mit seinen Kameraden rauft. Doch hier verhält er sich brav wie ein Lämmchen. Frau Bergmann denkt, man müsste in der Schule Hühner, Kaninchen, Meerschweinchen und Hamster halten, dann könnte man auf einfache Weise verhaltensauffällige Schüler beruhigen.

Im unteren Teil des Geländes liegt ein Teich, an den die Kinder bisher nicht herantreten durften. Eines könnte ja hineinfallen. In dem klaren Wasser ziehen Fische ruhig ihre Bahn. Mehrere Enten gründeln zwischen den Pflanzen. Lustig sieht das aus. Wieder lachen die Kinder.

„Das ist ja wie in dem Lied ‚Alle meine Entchen', in dem es heißt ‚Köpfchen in das Wasser, Schwänzchen in die Höh'", meint ein Mädchen.

„Und wozu ist das große Netz da, das über dem Wasser aufgehängt ist? Haben Sie Angst, Herr Fuchs, dass ihre Enten wegfliegen?", fragt ein Junge.

„Aber nein", erklärt Herr Fuchs, „die können gar nicht weit fliegen. Es sind keine Wildenten, sondern Tiere, die von uns Liebhabern gezüchtet werden. Seht zum Himmel! Dort drüben über dem Wald dreht gerade ein Bussard seine Runden. Der könnte blitzschnell niederstürzen und sich eine Ente holen. Aber mit seinen scharfen Augen erkennt er das Netz, das über dem Teich hängt. Und dann sind da auch noch die Reiher, die es auf unsere Fische abgesehen haben.“

Unter den Enten sind mehrere mit schneeweißem Gefieder und goldgelbem Schnabel. Eine gefällt den Kindern ganz besonders, weil sie so lustig schnattert. Sie beobachten sie eine Weile und nennen sie Friederike. Herr Fuchs freut sich, dass die Buben und Mädchen so begeistert sind. Ohne zu überlegen sagt er: „Wisst ihr was? Ich schenke euch die Ente!“

Die Kinder sind glücklich. Doch Frau Bergmann erklärt mit bedenklicher Miene: „Ich sehe da ein Problem. Eine Ente muss artgerecht gehalten werden. Sie braucht einen Teich, in dem sie schwimmen und gründeln kann, und den gibt es weder in der Schule noch bei euch zu Hause. Ich denke, es ist besser, Friederike bleibt hier.“

Nun sind die Kinder zwar traurig, aber sie sehen ein, Friederike sollte im Kleintierheim bei den anderen Enten bleiben. Sonst würde sie sich bestimmt einsam fühlen und Heimweh bekommen. Herr Fuchs tut es leid, dass er, ohne zu überlegen, die Ente verschenkt hat und die Kinder nun enttäuscht sind. Aber er hat eine Idee.

„Friederike gehört natürlich euch! Sie ist und bleibt eure Ente. Aber es ist für sie tatsächlich das Beste, sie bleibt hier. Ich werde mich jeden Tag um sie kümmern, damit es ihr gut geht. Wenn ihr wollt, könnt ihr sie jederzeit besuchen. Vom Dorf hierher ist es nicht weit und tagsüber ist immer jemand da. Die Tiere müssen ja versorgt werden.“

Den Kindern gefällt dieser Vorschlag. Fröhlich verlassen sie das Kleintierheim. Oft kommen sie zurück – mal mit ihren Klassenkameraden, mal mit Freunden, ab und zu mit ihren Eltern und Großeltern. Wenn sie dann am Teich stehen und Friederike unter den anderen Enten entdecken, sind alle glücklich: Die Kinder, die Erwachsenen und auch Friederike.

Nationalspieler Kloppinger

Thomas und Manfred studieren beide an der Universität Stuttgart Maschinenbau. Sie interessieren sich nicht nur für Technik, sondern auch für Sport. Thomas spielt regelmäßig Tennis und konnte bei Turnieren schon beachtliche Erfolge erzielen. Sein Freund Manfred ist Fußballer und hat als Mittelstürmer einer Kreisligamannschaft in der vergangenen Saison viele Tore geschossen. Nun steht in Stuttgart ein sportliches Großereignis bevor. Die deutsche Fußball-Nationalelf tritt im Neckarstadion gegen die Auswahl Argentiniens an. Dieses Spiel wollen sich Thomas und Manfred unbedingt ansehen.

Schon seit Tagen schlägt die Begeisterung unter den Fußballfans hohe Wellen. Die Zeitungen berichten über vergangene Länderspiele zwischen den beiden Ländern, bei denen es manchmal heiß zuging und zu Ausschreitungen kam. Bundestrainer Hamburger und der argentinische Coach Zampolini erklären in Interviews die Taktik, mit der sie den Gegner bezwingen wollen. Auf zahlreichen Fotos werden die Spieler sowohl in Aktion als auch im Brustbild gezeigt. Manche sind richtige Schönlinge, andere Konterfeis könnten glatt einem Verbrecheralbum entstammen. Kurz werden der Lebenslauf und der sportliche Werdegang der einzelnen Fußballer beschrieben. Hervorzuheben sind auf argentinischer Seite der Weltstar Marodani, bei den Deutschen der Publikumsliebling Walter Fritz. Als die beiden Freunde die Bilder betrachten, fällt ihnen auf, dass Manfred und der deutsche Verteidiger Kloppinger ähnlich aussehen. Sowohl der eine als auch der andere hat eine kräftige, gedrungene Statur, einen kantigen Kopf und dichtes, schwarzes Haar. Als besonderen Service für die Fan-Gemeinde weisen die Zeitungen darauf hin, dass die deutschen Spieler bereits am Tag vor der Partie morgens im Schlossgartenhotel eintreffen und um 16 Uhr im Foyer zur Autogrammstunde erscheinen werden. Diese Gelegenheit, ihre Helden einmal ganz nahe zu sehen, wollen sich Thomas und Manfred nicht entgehen lassen.

Schon eine halbe Stunde vor Beginn der Autogrammstunde treffen die beiden Freunde am Schlossgartenhotel ein. Im Foyer drängen sich bereits zahlreiche Fußballfans. Viele haben ihre Autogrammhefte und einen Kugelschreiber mitgebracht. Nur unter Einsatz der Ellbogen können sich Thomas und Manfred Zugang in den Raum verschaffen. Ungeduldig wartet die Menschenmenge auf das Erscheinen der Nationalspieler. Es ist bereits halb fünf. Noch immer tut sich nichts. Die ersten Pfiffe sind zu hören. Als sich um fünf noch immer kein Kicker blicken lässt, kommt Unmut auf.

„Verdammt nochmal, wo bleiben die denn?“ und „Was fällt diesen eingebildeten Kerlen ein, uns so lange warten zu lassen!“, hallt es durchs Foyer. Nun hat Thomas eine Idee, wie man die Situation entschärfen könnte.

„Du siehst doch dem Kloppinger verblüffend ähnlich“, flüstert er Manfred ins Ohr. „Du könntest ihn doch vertreten! Das merkt doch kein Mensch!“

Manfred lacht. Er ist sofort einverstanden, den Bösebubenstreich auszuführen. Er geht zum Aufzug, fährt in den ersten Stock hinauf und kommt dann langsam die breite Treppe herunter, die ins Foyer hinabführt.

„Ich glaub‘, da kommt der Kloppinger!“, ruft Thomas, und schon stürzen sich die Autogrammjäger auf Manfred. Geduldig und lächelnd schreibt er unzählige Male ‚Kloppinger‘ in die Hefte, die ihm die Fans unter die Nase halten. So geht das eine Viertelstunde lang, bis schließlich die Spieler der deutschen Fußball-Nationalmannschaft oben auf der Treppe erscheinen. Thomas erkennt den echten Kloppinger auf den ersten Blick. Manfred dagegen ist gerade mit dem Schreiben des einhundertdreiundzwanzigsten Autogramms beschäftigt.

„Achtung, sie kommen!“, warnt Thomas den Kameraden, denn er weiß, gleich wird der Schwindel auffliegen. Mitten im Wort hört Manfred auf zu schreiben und gibt das Autogrammheft samt Kugelschreiber rasch dem Fan zurück. So wird aus dem ‚Kloppinger‘ eben ein ‚Kloppi‘. Rasch tauchen Thomas und Manfred in der Menschenmenge unter und verlassen unbemerkt das Foyer. Draußen im Schlossgarten lachen sie Tränen und fragen sich: Was wird der echte Kloppinger wohl sagen, wenn er in vielen Autogrammheften bereits seinen Namen vorfindet? Und wie werden die Fans reagieren, wenn sie merken, dass es sich bei jenem Kloppinger, der sich zuerst eintrug, gar nicht um den Nationalspieler, sondern um einen Schwindler handelte?

Die reumütige Diebin

Miriams Eltern sind arm. Sie können sich nur das Notwendigste leisten. Gerne hätte Miriam auch so schicke Kleider und modische Schuhe wie die anderen Mädchen. Doch für so teure Sachen hat die Familie nicht genug Geld. Manchmal hilft Miriam einer Nachbarin. Dann bekommt sie eine kleine Belohnung. Neulich hat sie mit ihr die Wohnung geputzt und dafür vier Euro erhalten. Miriam geht in den kleinen Schreibwarenladen um die Ecke. Dort kauft sie eine Tafel Schokolade, einen Beutel Rahmbonbons und vier Brausewürfel. Auf einem Stapel entdeckt sie ein Buch, das sie sehr interessiert. Es trägt den Titel ‚Tiere unserer Heimat‘. Sie blättert darin und sieht all die schönen Bilder von Wildschweinen und

Dachsen, Hirschen und Rehen. Sogar ein Wolf und eine Wildkatze sind dabei. Miriam möchte dieses Buch besitzen. Es kostet 8,90 Euro. Es kann lange dauern, bis sie diesen Betrag zusammengespart hat. Miriam schaut sich um. Niemand ist in ihrer Nähe. Frau Reinhard, die Besitzerin des Ladens, ist gerade mit einer Kundin beschäftigt. Es kribbelt in Miriams Fingern, und schwuppdiwupp, sie weiß selbst nicht, wie es geschehen konnte, nimmt sie das Bändchen und steckt es in ihre Umhängetasche. Als sie an der Kasse steht und die Süßigkeiten bezahlen möchte, schlägt ihr Herz ganz laut. Hoffentlich merkt Frau Reinhard nicht, dass sie das Buch gestohlen hat.

Auf dem Nachhauseweg hört Miriams Herzklopfen nicht auf. Was wird sie der Mutter sagen, wenn sie das Buch sieht? Sicher wird sie fragen, von wem sie es bekommen hat. Mit zitternden Händen versteckt Miriam das Bändchen in ihrem Bett unter dem Kopfkissen. Dann erledigt sie ihre Hausaufgaben. Sie kann sich nicht konzentrieren und nagt an ihrem Bleistift. Als die Mutter merkt, dass ihre Tochter nicht so ordentlich wie sonst arbeitet, möchte sie den Grund erfahren. Miriam erzählt, sie habe sich heute mit ihrer Freundin Barbara gestritten. So kommt zum Stehlen auch noch das Lügen hinzu. Miriam fühlt sich schlecht. Wie gewöhnlich geht sie um neun Uhr zu Bett. Aber sie kann nicht einschlafen. Immerzu denkt sie an das Buch unter ihrem Kopfkissen. Spät in der Nacht holt sie die Taschenlampe aus der Schublade und blättert das Bändchen unter der Bettdecke durch. Seltsam, die Bilder sehen jetzt ganz anders aus als im Laden von Frau Reinhard. Sie gefallen ihr nicht mehr. Am liebsten möchte sie das Buch wegwerfen. Aber dafür ist es ihr zu schade. Außerdem kann sie so ihr schlechtes Gewissen nicht beruhigen. Da fällt ihr ein, sie könnte das

Bändchen in das Geschäft zurückbringen und dort heimlich ablegen.

Am nächsten Tag geht Miriam gleich nach der Schule in den Schreibwarenladen. Als sie das Buch aus ihrer Umhängetasche zieht und es schnell auf den Stapel zurücklegen will, beobachtet Frau Reinhard sie dabei.

„Was machst du denn, Miri?“, fragt sie. Das Gesicht der kleinen Diebin läuft rot an. Nun muss sie bekennen, was sie getan hat.

„Bitte, Frau Reinhard, verzeihen Sie mir!“, sagt sie mit zitternder Stimme. „Ich habe das Buch gestern gestohlen. Ich weiß selbst nicht, wie das passieren konnte. Nun bringe ich es wieder zurück. Bitte sagen Sie nichts meiner Mutter und anderen Leuten. Es ist mir furchtbar peinlich.“

Frau Reinhard missfällt zwar, dass Miriam das Buch gestohlen hat, aber irgendwie hat sie Verständnis. Sie weiß, Miriam gefiel es so sehr, dass sie für einen Moment die Kontrolle über ihr Handeln verlor. Sie ist keine notorische Diebin.

„Miri, das hättest du nicht tun dürfen. Aber ich verzeihe dir und werde es niemandem erzählen. Du musst mir allerdings versprechen, dich in Zukunft nie mehr an fremden Sachen zu vergreifen.“

Miriam fühlt sich erleichtert. Am liebsten würde sie Frau Reinhard um den Hals fallen. Sie verspricht, nie mehr zu stehlen. Dann gibt sie das Buch zurück. Frau Reinhard schaut es an und meint:

„Leider hat es nun Eselsohren. So kann ich es nicht mehr verkaufen. Weißt du was? Ich schenke es dir, weil du so ehrlich warst und es zurückgebracht hast.“

Nun kann sich Miriam nicht mehr zurückhalten. Sie

fällt Frau Reinhard um den Hals. Jetzt kann sie das Bändchen in Ruhe anschauen und in ihrem Bücherregal aufbewahren. Sie wird nie mehr stehlen, denn sie weiß nun, gestohlene Dinge bringen keine Freude.

Der Sandhaufen

Im Volksmund heißt es, ein Kleeblatt oder ein Marienkäfer, ein Schweinchen oder ein Kaminfeger brächten Glück. In der folgenden Geschichte war es ein Sandhaufen, der zwei junge Menschen einander näherbrachte. Und das kam so: Jeden Morgen fuhr Heinz, ein gut aussehender, hoch gewachsener junger Mann, mit dem Motorroller zu seiner Arbeitsstätte beim Hochbauamt. Wenn es dann auf den Feierabend zuging, konnte er sich nur noch mit Mühe auf all die Pläne und Statistiken konzentrieren. Unablässig dachte er an eine hübsche junge Frau, die ihm Tag für Tag auf dem Nachhauseweg begegnete. Immer lief sie gegen halb sechs den Gehweg entlang. Unter dem Arm trug sie eine Kollegmappe. Ob sie wohl zur Klavierstunde ging oder einen Spanischkurs besuchte, fragte sich Heinz. Bisweilen fuhr er absichtlich ganz langsam an ihr vorbei, und dann begegneten sich für einen Moment ihre Blicke. Gerne hätte Heinz die junge Frau kennengelernt, doch er wusste nicht, wie er das anstellen sollte. Einfach den Roller abzustellen und sie anzusprechen, das wäre ihm zu plump vorgekommen. Doch eines Tages spielte ein Sandhaufen den Glücksbringer.

Wieder fuhr Heinz, ganz in Gedanken an die junge Dame versunken, von seiner Arbeitsstelle nach Hause zurück. Tatsächlich, da lief sie wieder mit der Kollegmappe unterm Arm. Ganz langsam fuhr er zu ihr heran, doch diesmal würdigte sie ihn keines Blickes. Hatte sie vielleicht schlechte Laune? Bevor Heinz um die Ecke bog, schaute er sich noch einmal nach ihr um. Im nächsten Augenblick stürzte er und landete zum Glück weich in einem Sandhaufen. Diesen hatten Bauarbeiter kurz zuvor auf die Straße geschüttet, denn der Gehweg sollte ausgebessert werden. Als Heinz sich aufrappelte, stand plötzlich die junge Dame neben ihm. Sie zeigte sich sehr besorgt, half ihm auf die Beine und klopfte den Sand von seinen Kleidern. Dann fragte sie, wie es ihm gehe, ob er sich verletzt habe. Obwohl ihm das linke Bein schmerzte, spielte er den Helden und erwiderte, es sei nichts passiert, ihm gehe es gut. Er wollte sich soeben wieder auf seinen Motorroller schwingen, da dachte er, dies sei die Gelegenheit, sich mit der jungen Frau zu verabreden.

„Ich finde es sehr nett von Ihnen, dass Sie mir geholfen haben. Darf ich Sie als kleines Dankeschön zu einem Eisbecher ins Grand Café Planie einladen?“

Die junge Frau zögerte zuerst, zierte sich, wollte nicht gleich ‚ja‘ sagen. Im Grunde ihres Herzens freute sie sich jedoch, denn auch sie hätte den jungen Mann mit dem Motorroller gerne kennengelernt. Also verabredeten sich Heinz und Sandra, so hieß die junge Dame, zu einem Rendezvous im Grand Café Planie.

Bei dieser ersten Verabredung blieb es nicht. Als Kavalier alter Schule ließ Heinz die Angebetete nicht länger mit der Straßenbahn zum jeweiligen Treffpunkt fahren, sondern holte sie mit dem Motorroller ab. Mit Vergnügen saß sie auf dem Rücksitz, ließ die Beine baumeln und ihre langen blonden Haare im Wind flattern. Heinz machte sich einen Spaß daraus, schnell um die Kurven zu fahren. Sandra kreischte dann und klammerte sich fest an ihn. An warmen Tagen fuhren die beiden hinaus aufs Land, wanderten durch den Wald oder badeten in einem See. So kamen sie sich im Laufe der Zeit immer näher.

Übers Jahr heirateten Heinz und Sandra. Als sie die Glückwünsche der Hochzeitsgäste entgegennahmen, bekamen sie viele Geschenke. Ein Freund überreichte ihnen eine kleine Sanduhr und einen Zettel, auf dem stand: „Solltet ihr beim Zählen ‚der schönen Stunden nur' mal aus dem Takt geraten und miteinander streiten, dann denkt an den Sandhaufen, der euch Glück brachte, und alles wird wieder gut sein."

Das Glück blieb Heinz und Sandra tatsächlich ihr Leben lang treu. Gerne dachten sie daran, auf welch originelle Weise sie sich damals kennengelernt hatten. Jedes Jahr am Hochzeitstag trank das Paar eine Tasse Kaffee und aß den feinen Sandkuchen, den Sandra in dankbarer Erinnerung an den Sandhaufen gebacken hatte.

Mitten ins Herz getroffen

Bekanntlich gibt es gestandene Männer, die wie kleine Buben ihr Leben lang mit der Eisenbahn spielen. Zu dieser Sorte gehörte auch Herr Ziegler. Zu seinem achten Geburtstag schenkten ihm seine Eltern eine kleine Dampflok und drei Waggons. Stundenlang ließ er den Zug im Kreis fahren und vergaß dabei die Welt um sich herum. Damals begeisterte er sich für die Modelleisenbahn. Diese Leidenschaft ließ ihn nie mehr los.

Als Herr Ziegler zu einem jungen Mann herangewachsen war, entspannte er sich jeden Abend nach der Arbeit beim Spiel mit der Eisenbahn. Seine Anlage füllte inzwischen den großen Hobbyraum im Kellergeschoss des Hauses. Acht Dampfloks und sechs elektrische Lokomotiven rollten auf dem ausgedehnten Schienennetz über Brücken und durch Tunnels, zogen unzählige

Personen- und Güterwagen von der unteren Ebene bis hinauf ins Gebirge.

Eines Tages lernte Herr Ziegler eine sympathische junge Dame kennen. Vorübergehend trat nun die Eisenbahn in den Hintergrund. Lieber ging er mit ihr aus, anstatt die Nächte im Hobbyraum zu verbringen. Bald heirateten die beiden. In den ersten Jahren ihrer Ehe machte Frau Ziegler das Eisenbahnspiel mit ihrem Mann Spaß. Von technischen Dingen verstand sie zwar wenig, aber sie half gerne bei der Gestaltung der Landschaft mit. Im Laufe der Zeit erlosch jedoch mehr und mehr ihr Interesse an der Modelleisenbahn. Sie saß nun lieber im Wohnzimmer vor dem Fernseher, während ihr Mann im Keller bis spät in die Nacht hinein mit der Eisenbahn spielte. Trank er nebenbei eine Flasche Wein, dann verklärte sich sein Blick wie in seinen Kindheitstagen. Er fand es höchst romantisch, wie die beleuchteten Züge durch Bahnhöfe, über Brücken und durch die dunkle Landschaft rollten. Als der Inhalt der Weinflasche allmählich zur Neige ging, häuften sich die Unfälle. Wie die Trunkenheit am Steuer eines Automobils barg auch der Alkoholkonsum beim Betrieb der Modelleisenbahn ein Risiko. Herr Ziegler ließ dennoch seine Züge weiter durch die Nacht brausen, bis schließlich bei einem Zusammenstoß eine schwere Lok mit Gepolter zu Boden fiel. Frau Ziegler erschrak und erwachte. Es folgte ein Streit zwischen den Eheleuten. Beim nächsten Treff mit ihrer Freundin klagte Frau Ziegler: „Ich bin eine vernachlässigte Frau. Mein Mann ist mit seiner Eisenbahn verheiratet."

Manchmal gab es auch Nächte, in denen Herr Ziegler seine Frau nicht vernachlässigte. So wurde sie eines Tages schwanger. Sie wünschte sich ein Mädchen, ihr Gatte dagegen aus nachvollziehbarem Grund einen Jungen. Das Schicksal meinte es gut mit ihm. Sie bekamen einen Sohn. In Anlehnung an den Titel des Kinderbuches ‚Lukas der Lokomotivführer' wurde das Kind auf Wunsch des Vaters auf den Namen ‚Lukas' getauft.

Der Junge wuchs heran und wurde schon früh von der Eisenbahnbegeisterung des Vaters angesteckt. Bei jeder Gelegenheit, sei es zum Geburtstag oder an Weihnachten, bekam er eine Lok geschenkt. Der Vater erfüllte damit nicht nur dem Sohn, sondern auch sich selbst einen Wunsch. Frau Ziegler dagegen missfiel, dass so viel Geld für die Eisenbahn ausgegeben wurde. Nun sahen Herr Ziegler und Lukas eines Tages im Schaufenster eines Spielwarengeschäfts eine sensationelle Neuerscheinung, den Intercity Express. Richtig futuristisch sah das stromlinienförmige Gefährt aus. Dieses Modell musste her. Der Wunsch ihrer ‚beiden Männer' brachte das Fass zum Überlaufen. Ärgerlich schimpfte Frau Ziegler:

„Mir reicht's jetzt! Jetzt habt ihr schon vierundzwanzig Züge auf eurer Anlage und nun wollt ihr auch noch den ICE kaufen! 399 Euro kostet der! Und wenn ich ein neues Kleid brauche, dann höre ich, es sei nicht genug Geld da." Herr Ziegler zeigte Verständnis für die Klage seiner Frau. Schweren Herzens verzichtete er auf die Anschaffung des ICE.

Der Herbst brach an. Die Blätter der Laubbäume verfärbten sich bunt. Familie Ziegler nutzte das schöne Wetter zu einer Wanderung von Mettingen nach Esslingen. Beim alten Schulhaus unterhalb der Kelter sammelte Lukas Kastanien, die der Wind aus ihrer stachligen Umhüllung geschüttelt hatte und nun braun glänzend im Gras lagen. Durch Gärten und Streuobstwiesen ging es hinauf zu den Weinbergen. Verlockend hingen die Trauben an den Rebstöcken. Ab und zu stibitzten Vater und Sohn einige der süßen Früchte.

Der Wanderweg führte hinauf zur Neckarhalde. Wo

ein Bergvorsprung dicht ans Ufer des Neckars herantritt, bot sich den Zieglers ein umfassender Blick über das Tal. Unablässig rollten die Züge unter ihnen vorüber. Mal eine Regionalbahn und ein schwerer, endlos langer Güterzug, dann eine S-Bahn und eine Diesellok, die ölbeschmutzte Kesselwagen hinter sich herzog. Es schien, als schaue man auf eine Modellbahn hinab. Plötzlich näherte sich von Mettingen her rasch ein langer weißer Lindwurm. Das konnte nur der ICE sein! Selbst Frau Ziegler staunte, wie leise er trotz seiner hohen Geschwindigkeit unter ihnen vorbeirauschte. Mit Macht erwachte bei Vater und Sohn wieder der Wunsch, diesen Zug zu besitzen. Herr Ziegler hielt sich diplomatisch zurück, denn er wollte seine Frau nicht verärgern. Lukas dagegen bettelte unablässig: „Ich will den ICE haben! Bitte kauft mir den ICE!“

So ging das in einem fort, bis die Familie schließlich an einem schlanken Türmchen ankam, unter dem der Weg hindurchführte. Eine schmiedeeiserne Wetterfahne krönte das spitz zulaufende Dach. Über dem Durchgang hing eine filigrane Laterne, die sachte im Wind baumelte. Leicht abfallend führte der gepflasterte Weg zur Frauenkirche hinab. Man konnte sich gut vorstellen, wie Esslingen im Mittelalter aussah. Auf einer Tafel las Herr Ziegler, der zierliche Bau sei das ‚Neckarhaldentor‘, einst ein Teil der Stadtbefestigung. Unterdessen betrachteten seine Frau und Lukas die Einzelheiten des Turmes.

An der Wand fielen ihnen der in Stein gehauene Reichsadler und zwei in den Esslinger Farben grün und rot gestrichene Fensterläden auf. In ihrer Mitte befand sich eine herzförmige Öffnung von der Größe eines Apfels. Da Lukas immer noch bettelte, er wolle den ICE haben, erklärte sein Vater im Spaß: „Wenn du mit einer

Kastanie durch das Herz da oben triffst, bekommst du den Zug.“

Lukas nahm eine Kastanie aus der Hosentasche, holte aus, zielte, warf…und die Kastanie flog durch die Öffnung. Das konnte nicht wahr sein, denn das Herz war kaum größer als das Wurfgeschoss. Die Chance auf einen Volltreffer lag wie beim Lotto bei eins zu einer Million. Vater und Sohn versuchten noch einige Male, eine Kastanie durch die Öffnung zu werfen, doch sie verfehlten stets das Ziel. Meistens trafen sie nicht einmal den Fensterladen, und das Geschoss prallte an der Mauer ab. Man hätte es wochenlang versuchen können und hätte dennoch keinen Treffer erzielt. Und Lukas war es beim ersten Mal gelungen! Herrn Ziegler blieb nichts anderes übrig, als Wort zu halten und seinem Sohn den ICE zu kaufen.

Die wundersame Heilung

Wilfried Kuhn leidet unter unerträglichen Bauchschmerzen. Er geht zu seinem Hausarzt Doktor Bader. Dieser untersucht ihn gründlich. Dann verkündet er dem Patienten:

„Herr Kuhn, ich muss Ihnen leider eine betrübliche Mitteilung machen. Sie haben ein Magengeschwür und müssen dringend operiert werden. Ich empfehle Ihnen die Otto-Hahn-Klinik in Bad Sauerbrunn. Der dortige Chefarzt, Professor Doktor Eisenbart, ist ein Studienkollege von mir und ein weithin bekannter Chirurg. Er wird die Operation persönlich durchführen. Wenn Sie möchten, melde ich Sie gleich an.“

Kuhn ist einverstanden. Bereits am nächsten Morgen soll er in der Klinik erscheinen. Als er zu Hause von der ärztlichen Untersuchung und der bevorstehenden

Operation berichtet, ist seine Frau erschüttert und meint:

„Du Ärmster! Du tust mir ja so leid! Zum Trost koche ich dir jetzt was Feines. Was möchtest du denn essen, mein Lieber?“

„Gaisburger Marsch“, antwortet Kuhn.

Seine Frau bereitet ihm das gewünschte Gericht zu. Kuhn genießt seine Leibspeise ganz bewusst, denn er denkt, womöglich ist es das letzte Mal, dass sie ihm serviert wird. Inzwischen ist auch Kuhns Tochter Franziska nach Hause gekommen. Als sie erfährt, ihr Vater müsse operiert werden, bedauert sie ihn und meint:

„Armer Papa! Das ist ja schlimm. Kann ich noch etwas für dich tun?“

„Klar, du kannst mein Auto waschen und auch innen putzen“, antwortet Kuhn.

Noch im Laufe des Nachmittags reinigt Franziska den Wagen ihres Vaters gründlich. Inzwischen hat Kuhns bester Freund Günter erfahren, was seinem Kumpel bevorsteht. Noch am Abend schaut er bei ihm vorbei, bedauert ihn und schenkt ihm eine Flasche des besten Weins aus seinem Keller. Achtundzwanzig Euro hat sie gekostet. Noch eine Weile sitzen die beiden Freunde bei einem Glas billigen Weins zusammen, den Wilfried bei Lidl für 3,99 Euro gekauft hat. Kaum ist Günter gegangen, da öffnet Wilfried die Flasche, die ihm der Freund geschenkt hat. Der Wein schmeckt ihm dermaßen gut, dass er die Flasche leertrinkt. Der Alkohol dämpft seine Schmerzen und die Angst vor der Operation. So kann er gut schlafen.

Am Morgen begibt sich Kuhn ins Krankenhaus. An der Rezeption erhält er einen Stapel Formulare. Er soll unterschreiben, dass er über die Risiken des Eingriffs informiert wurde und seine Erben nicht gerichtlich gegen die Ärzte und das Personal der Klinik vorgehen werden, falls er die Operation nicht übersteht. Der ganze Papierkram beunruhigt Kuhn sehr. Anschließend begibt er sich zur Stationsschwester Regina. Sie misst den Blutdruck und die Körpertemperatur, erkundigt sich nach dem Stuhlgang und nimmt ihm Blut ab. Dann kommt der Narkosearzt und bespricht mit Kuhn die verschiedenen Arten der Betäubung. Natürlich wünscht sich Kuhn eine Vollnarkose, denn er hat schreckliche Angst und will am liebsten mit der Sache nichts zu tun haben. Als nächstes wird Kuhn ein Patientenzimmer zugeteilt. Er begrüßt seinen Bettnachbarn, legt seine Wäsche in den Schrank und bringt die Zahnbürste, den Rasierapparat und seine Körperpflegemittel im Badezimmer unter. Dann soll er sich ins Wartezimmer begeben. Nachdem Kuhn innerhalb einer Stunde zehn Zeitschriften durchgeblättert hat, die er niemals kaufen würde, erscheint ein Arzt in blütenweißem Kittel. Es ist Professor Doktor Eisenbart, eine respekteinflößende Erscheinung. Kuhn wird noch einmal gründlich untersucht und durch ein MRT-Gerät geschoben. Anhand der Computertomographie kann Eisenbart kein Magengeschwür erkennen. Er bespricht sich mit seinen Kollegen. Auch die stellen fest, Kuhns Magen ist völlig in Ordnung. Eisenbart kehrt zurück zu dem Patienten und erklärt ihm:

„Herr Kuhn, ich habe Ihnen eine erfreuliche Mitteilung zu machen. Unser Ärzteteam hat soeben festgestellt, dass Sie völlig gesund sind. Eine Operation ist nicht notwendig. Sie können wieder nach Hause gehen."

Kuhn fällt ein Stein vom Herzen. Er meldet sich bei der Oberschwester Regina ab, die ihm zuerst gar nicht glauben will. Dann holt er seine Siebensachen aus dem Krankenzimmer und verabschiedet sich von dem Mann, neben dem er liegen sollte. Unten an der Rezeption muss er lange warten, bis endlich die Entlassungspapiere ausgestellt sind. Als Kuhn um die Mittagszeit zu Hause erscheint, ist seine Frau überrascht.

„Bist du's wirklich, Wilfried?“, stammelt sie. „Ich habe gedacht, du liegst auf dem Operationstisch unterm Messer, und jetzt stehst du leibhaftig vor mir!“

Kuhn berichtet, die neuerliche Untersuchung mit modernsten Geräten habe ergeben, sein Magen sei völlig in Ordnung. Schon kommt Franziska herbei und staunt. Sie beglückwünscht den Vater, denkt kurz nach und sagt: „Wenn ich das gewusst hätte, Papa, hätte ich gestern dein Auto nicht geputzt.“

Auch Kuhns Freund Günter hat inzwischen erfahren, dass sein Kumpel wieder zu Hause ist. Noch am Abend erscheint er bei den Kuhns.

„Ich gratuliere dir, alter Kamerad!“, beglückwünscht er Wilfried. „Ich freue mich, dass du um die Operation herumgekommen bist. Das muss gebührend gefeiert werden! Am besten, du holst jetzt den Wein, den ich dir gestern geschenkt habe. Den trinken wir zusammen!“

Zum Glück steht die leere Flasche noch auf dem Küchentisch. Wieder entkorkt Kuhn einen Billigwein von Lidl, füllt den Inhalt um, kehrt mit zwei Gläsern ins Wohnzimmer zurück und schenkt ein.

„Auf die wundersame Heilung!“, prostet Günter dem Freund zu. Dann stoßen sie an und schlürfen in kleinen Schlucken das vermeintlich edle Gewächs.

„Welch ein feiner Tropfen!“, schwärmt Günter. „Da merkt man den Unterschied zu dem Sauerampfer, den du mir gestern serviert hast!“

Ein Brot mit Esel

Herr Hauser ist alleinstehend. Schon seit vielen Jahren verbringt er seinen Urlaub in Limone am Gardasee. Im Laufe der Zeit hat er sich eine beachtliche Anzahl an italienischen Wörtern und Redewendungen angeeignet: ‚Buongiorno' sagt man zur Begrüßung und ‚arrivederci' beim Abschiednehmen. ‚Bier' heißt ‚birra' und ‚Wein' heißt ‚vino'. Das ist ganz einfach. Zum Frühstück isst er am liebsten ‚pane con burro e marmellata' – Brot mit Butter und Marmelade. Dazu trinkt er eine große Tasse ‚cappuccino'.

Manchmal unternimmt Herr Hauser auch eine Städtereise, mal nach Venedig, mal nach Florenz, mal nach Rom. Nun möchte er auch Barcelona kennenlernen. Nicht weit von seinem Hotel entfernt findet er ein gemütliches Café mit typisch spanischem Ambiente. Dort frühstückt er jeden Morgen. Es fällt ihm auf, dass sich die spanische und die italienische Sprache in Vielem sehr ähnlich sind. Also wagt er eines Morgens, sein Frühstück in der Landessprache zu bestellen. Eigentlich wäre das gar nicht nötig. Der Ober spricht nämlich recht gut Deutsch, denn er bedient häufig Touristen aus ‚Alemania'. Laut und deutlich bestellt Herr Hauser nun ‚Un pane con burro e marmellata'. Komischerweise versteht ihn der Ober nicht. Es scheint, als könne er nur mit Mühe ein Lächeln unterdrücken. Die Gäste in Herrn Hausers Nähe wenden sich nach ihm um und schauen ungläubig drein. Was ist nur geschehen? Hat er etwas falsch gemacht? Irgendetwas kommt Hauser spanisch vor. Also bestellt er mit noch lauterer Stimme als zuvor ‚Un pane con burro y marmellata'. Lautes Gelächter erfüllt nun den Raum. Hauser versteht die Welt nicht mehr. Eine freundliche Spanierin, die sowohl Deutsch als auch Italienisch spricht, tritt zu dem fremden

Gast heran und erklärt ihm, ‚burro' hieße auf Spanisch nicht wie im Italienischen ‚Butter', sondern ‚Esel'. Er habe also ein ‚Brot mit Esel und Marmelade' bestellt. Richtig müsse es ‚Un pan con mantequilla y mermelada' heißen. Stolz bestellt Herr Hauser in den folgenden Tagen zum Frühstück ‚un pan con mantequilla y mermelada'. Der Ober freut sich über Herrn Hausers Fortschritte beim Gebrauch der spanischen Sprache und bringt ihm gerne das Gewünschte.

Alles Geschmackssache!

Über Geschmack lässt sich bekanntlich streiten. Dem einen schmeckt eine Leberwurst, dem anderen ein Schnitzel. Einer mag eine Kirschtorte, der andere einen Käsekuchen. Das ist gut so, denn hätten alle den gleichen Geschmack, wäre das Angebot an Nahrungsmitteln und Getränken nicht so vielfältig. Nun gibt es Menschen, die glauben, sie hätten den guten Geschmack gepachtet. Herablassend schauen sie auf jene herab, die ihre Vorlieben nicht teilen. Zu ihnen gehört das Ehepaar Gerlinde und Thomas Hägele.

Unter den engsten Freunden der Hägeles ist ein älterer Mann namens Udo Weller. Wie ein alter Gourmet genießt er regelmäßig im Restaurant des Spitzenkochs Vincent Klink ein Menu mit sechs Gängen. Auch edle Weine trinkt er mit Sachverstand und Leidenschaft. Da er klug ist, äußert er sich nie abfällig über den Geschmack anderer Leute.

Eines Tages ist Udo mit sechs weiteren Personen bei den Hägeles zum Nachtessen eingeladen. Vorab loben die Eheleute ihre eigenen Kochkünste, als könnten sie sich mit einem Spitzenkoch messen. Doch zur Überraschung aller wird nur Magerkost serviert. Das Fleisch schmeckt so fade wie ein feuchter Waschlappen. Der Kartoffelsalat ist pampig. In jeder durchschnittlichen Werkskantine hätte man besser gegessen. Die Gäste aber wollen ihre Gastgeber nicht verletzen und versichern mehrfach, wie gut es ihnen schmecke. Auffällig ist nur, dass sie ihre Teller nicht leer essen und kein zweites Mal zugreifen. Als Udo die Platte mit vielen Scheiben Fleisch und die halbvolle Schüssel mit Kartoffelsalat sieht, meint er süffisant: „Das bekommt Thomas morgen zum Mittagessen!“- „Nein, der bekommt morgen seine Leibspeise. Ente mit Kartoffelpüree und Blaukraut“, erklärt Gerlinde trocken.

Udo und die anderen Gäste schauen sich betreten an. Eine Ente hätten sie auch gerne gegessen. Aus Höflichkeit schweigen sie. Udo überspielt seine Verstimmung und fügt an: „Geflügel mag ich auch. Am liebsten ist mir eine Gans. Die gibt‘s bei uns traditionell an Weihnachten.“

„Was, eine Gans? Die schmeckt uns überhaupt nicht. Die ist doch viel zu fett“, entgegnet Gerlinde und schaut dabei ihren Gatten an. Dieser nickt beifällig, denn was den Geschmack betrifft, sind die Eheleute immer gleicher Meinung. Die anderen Gäste beteiligen sich nun lebhaft an dem folgenden Gespräch über die Vorlieben jedes einzelnen. Einer meint, seine Leibspeise seien in Pfannkuchen eingehüllte Spargelstangen mit Schinken und Sauce Hollandaise. Bei dem Gedanken an diese feine Speise läuft allen das Wasser im Munde zusammen. Gerlinde aber protestiert energisch: „Flädle schmecken doch schrecklich. Wie kann man nur so etwas mögen?“

Anschließend geht es um andere Gerichte. Udo mag den Geschmack roher Kartoffeln und schwärmt von einem Schweinsbraten mit Soße und fränkischen Klößen.

„Schrecklich, diese Kartoffelpampe!“, ereifert sich Gerlinde. Thomas stimmt ihr zu. „Dieser herbe

Geschmack verdirbt doch jedes Essen!“

„Leider bin ich kein Gourmet wie ihr beide“, meint Udo in ironischem Ton. „Aber ich mag eben den Geschmack von rohen Kartoffeln für mein Leben gern. Darum esse ich auch manchmal auf dem Weihnachtsmarkt eine Portion Kartoffelpuffer mit Apfelmus.“

„Pfui Teufel, Kartoffelpuffer mit Apfelmus, womöglich noch mit Rosinen!“, geifert Gerlinde.

Um die Brisanz aus dem Tischgespräch zu nehmen, bietet nun Thomas diverse Weine an. Über ein ganz besonderes Gewächs, einen Cabernet Sauvignon, hält er einen langen Vortrag. Dieser Wein sei die absolute Krönung. Er kenne sogar den Winzer und verstehe sich prächtig mit ihm. Nun bekommt jeder einen kleinen Schluck zum Probieren. Das ist gut so, denn alle finden den Wein auch nicht besser als ein Billigprodukt von Aldi. Anstandshalber lassen sich wenigstens zwei der Damen ihre Gläser füllen. Der Hausherr bietet nun weitere Schätze aus seinem Weinkeller an. Er entkorkt eine Flasche und lässt Udo als ersten probieren.

„Wunderbar, dieser Spätburgunder!“, lobt Udo.

Gerlinde bricht in schallendes Gelächter aus. „Das ist doch gar kein Spätburgunder, sondern ein Lemberger“, feixt sie. „Wie kann man nur diese beiden Rebsorten verwechseln? Die sind doch so unterschiedlich wie Tag und Nacht. Einen Spätburgunder trinken wir übrigens auch gerne, aber einen Lemberger gar nie. Der ist uns viel zu schwer!“

Diese Häme bringt Udo gegen Gerlinde auf. Den Lemberger bieten sie wohl ihren Gästen an, weil sie ihn selbst nicht mögen, denkt er. Er will sich diese Überheblichkeit nicht länger gefallen lassen und wird es seinen Gastgebern heimzahlen. Als sei er der größte Sommelier auf Erden, hält Thomas nun den nächsten Vortrag über einen Merlot, dessen Geschmack an Brombeeren, Quitten und Vanille erinnere.

„Schrecklich! Den mag ich bestimmt nicht!“, gibt Udo mit scharfer Zunge von sich. „Hast du auch einen Wein, der nach Trauben schmeckt?“ Gerlinde schaut den aufmüpfigen Gast böse an. Ihr Gatte dagegen behält die Fassung und doziert seelenruhig weiter.

„Ich hab‘ da noch etwas ganz Besonderes“, verkündet er, und hält dabei die Flasche in die Höhe. „Einen Grauburgunder vom Markgräfler Land mit Eukalyptusnote.“

„Den nehm‘ ich!“, ruft Udo. „Ich bin nämlich gerade erkältet!“

Alle bewundern Udos Schlagfertigkeit und lachen. Allein Gerlinde und Thomas wirken leicht angesäuert wie ein Riesling von der Mosel. Man wechselt das Thema. Der Abend ist gerettet.

Köberl vor Gericht

Eine Komödie in fünf Akten frei nach einem Prozess beim Landgericht Altötting.

Vorspiel – Der Prozess wird eröffnet

Der Richter, mit schwarzer Robe bekleidet, betritt den Saal. Mit einer Handbewegung bittet er die Anwesenden, sich zu erheben. Dann liest er:

„Hiermit eröffne ich die Hauptverhandlung in der Verkehrssache Ranzenbacher gegen Köberl. Im Saale anwesend sind: Der Angeklagte, Herr Franz Köberl (dieser ruft laut ‚hier‘) sowie die beiden Klägerinnen, Frau Emilie Ranzenbacher sowie deren Tochter, Frau Sophie Ranzenbacher. Bitte setzen Sie sich!“

Erster Akt – Der Richter erhebt die Anklage

„Herr Köberl, Ihnen wird folgende Straftat zur Last gelegt: Am Mittwoch, 19. 11. 2020, fuhren Sie nachmittags gegen 15 Uhr mit Ihrem Automobil ‚Fiat Panda', amtliches Kennzeichen AÖ-FK 437, auf der Landstraße von Alteglofsheim nach Thalmassing. Dabei stießen Sie von hinten gegen das Moped der Klägerinnen. Diese kamen zu Fall und stürzten in den Straßengraben. Frau Emilie Ranzenbacher zog sich einen Bruch des rechten Unterarmes zu. (Diese reckt den Arm mit dem Gipsverband in die Höhe). „Ihre Tochter, Frau Sophie Ranzenbacher erlitt Prellungen an der Hüfte und am Gesäß." (Diese steht auf und zeigt ihren rot marmorierten verlängerten Rücken). „Bitte entblößen Sie sich nicht, Frau Ranzenbacher!", rügt der Richter und fährt fort: „Anschließend beging der Angeklagte Fahrerflucht."

„Was i?", schreit Köberl. „I hob doch mit der ganza Sach' gor nix zu tua!"

„Herr Richter, wir bitten um Gerechtigkeit!", ruft Frau Emilie Ranzenbacher. „Der lügt! Der hat uns angefahren und ist einfach abgehauen!"

„Mäßigen Sie sich und reden Sie nur, wenn Sie gefragt werden!", mahnt der Richter.

Zweiter Akt – Köberl streitet alles ab

Es folgt ein Frage- und Antwortspiel zwischen dem Richter und dem Angeklagten.

„Herr Köberl, Sie sagen also, Sie hätten mit dem Unfall gar nichts zu tun?"

„Noa, hob' i au net! I ben doch an dem Dag gor net mit em Audo g'fohra!"

„Na, so was! Wie kommen dann die Lackspuren vom Moped der Klägerinnen an den rechten vorderen Kotflügel Ihres Fahrzeugs?"

„Dös woaß i au net. I war doch da ganza Dog dohoim!“

„Das heißt also, Ihr Auto hat sich selbständig gemacht?“

„Dös au wieder net. A guater Freind von mir isch g’fohra.“

„Dann nennen Sie mir bitte den Namen und die Adresse Ihres Freundes!“

Köberl fängt an zu stottern: „Der hoißt Eugen, noa Erwin, Erwin Lang, Verzeihung Kurz. Jo, Erwin Kurz, so hoaßt‘r…ond wohna duader…“

In strengem Ton unterbricht der Richter den Angeklagten: „Seltsam, dass Ihnen der Name Ihres Freundes nicht gleich einfällt! Hören Sie auf mit diesem Theater! Wer ist gefahren?“

„Herr Richter, i geb’s zua. I ben g’fohra“, antwortet Köberl kleinlaut.

Dritter Akt – Köberl wird schwerhörig

Der Richter zeigt ein Foto von Köberls Wagen, der rechts vorne beschädigt ist. Der Dialog mit Köberl geht in die zweite Runde.

„Nun, Herr Köberl, wenn Sie an besagtem Nachmittag mit Ihrem Wagen unterwegs waren, dann wissen Sie vielleicht, woher diese Beschädigung kommt.“

„Koa Ahnung, wer dös g’macht hot!“

„Heißt das, Sie haben gar nichts gemerkt, als Sie die beiden Klägerinnen anfuhren?“

„Noa, do han i gor nix g’merkt!“

„Dann müssen Sie schwerhörig sein, Herr Köberl, und zu einem Ohrenarzt überwiesen werden, damit Ihr Gehör überprüft wird. Wenn Sie so schlecht hören, sind Sie nicht mehr fahrtüchtig. Sie sollten dann den Führerschein abgeben. Seltsamerweise haben Sie mich gut verstanden, selbst als ich vorhin leise redete. Also, was haben Sie gehört?“

„A ganz gloans Kratzerle.“

„Herr Köberl, das nehme ich Ihnen nicht ab. Ich bin selbst Autofahrer. Wenn ich aus meiner Garage herausfahre, und die dünnen Zweige der Büsche streifen an meinem Wagen entlang, dann höre ich das deutlich. Also, Herr Köberl, was haben Sie gehört?“

„I geb’s zua. A leichtes Schlägle.“

„Herr Köberl! Erst war es feines Kratzen, dann ein ‚leichtes Schlägle‘. Sagen Sie die volle Wahrheit! Was haben Sie gehört?“

„An Mordsschlag hot’s doa!“

Die im Saal Anwesenden brechen in lautes Gelächter aus. Eine Glocke ertönt. Der Richter mahnt zur Ruhe.

Vierter Akt – Das Geständnis

Der Richter setzt die Befragung fort.

„Gut, Herr Köberl, Sie haben also einen ‚Mordsschlag‘ gehört. Warum haben Sie dann nicht angehalten oder wenigstens in den Rückspiegel geschaut?“

„Jo, en da Spiegel hob‘ i scho neiguckt!“

„Und was haben Sie da gesehen?“

„I han g’sehe, wie die zwoa Fraua von ihrem Moped rag’hagelt ond en da Stroßagraba nei’floga send. Ihre Fiaß hen en d’r Luft zappelt.“

Das Publikum lacht laut und anhaltend. Wieder ertönt die Glocke.

„Ich bitte um Ruhe, sonst lasse ich den Saal räumen“, sagt der Richter streng und wendet sich wieder dem Angeklagten zu.

„Nun, Herr Köberl, was haben Sie dabei gedacht, als Sie sahen, wie die Klägerinnen von ihrem Moped stürzten? Warum haben Sie nicht angehalten?“

Köberl stottert, murmelt vor sich hin, kratzt sich am

Kopf. Der Richter herrscht den Angeklagten an:

„Sagen Sie augenblicklich die volle Wahrheit! Warum sind Sie weitergefahren?“

„I han dacht, jetzt nix wie weg, sonsch verliersch no da Fiererschai.“

„Danke, das genügt. Die Verhandlung ist geschlossen. Um 15.15 Uhr findet in diesem Saal die Urteilsverkündung statt.“

Fünfter Akt – Das Urteil

Der Richter erscheint im Gerichtssaal und liest aus einer Akte vor.

„Der Angeklagte, Herr Franz Köberl, hat am Mittwoch, den 19. 11.2020, um 15 Uhr auf der Landstraße zwischen Altcglofsheim und Thalmassing die beiden Klägerinnen, Frau Emilie Ranzenbacher und deren Tochter Sophie Ranzenbacher angefahren. Anschließend beging er Fahrerflucht. Im Namen des Volkes wird folgendes Urteil verkündet: „Führerscheinentzug für 48 Monate“.

„Om Gottes Willa, so lang?“, schreit Köberl.

Der Richter ermahnt den Angeklagten: „Schweigen Sie, Herr Köberl! Außerdem hat der Angeklagte den Klägerinnen ein Schmerzensgeld in Höhe von 8500 Euro zu entrichten.“

„Kruzifix noch amol!“, schreit Köberl völlig außer sich, „so fui Geld hob i doch gor net!“

„Guat so, Herr Richter! S’gschieht em grad recht!“, rufen die Damen Ranzenbacher.

„Bitte mäßigen Sie sich und schweigen Sie!“, mahnt der Richter und fährt mit der Urteilsverkündung fort: „Außerdem wird der Angeklagte mit einer Geldstrafe in Hohe von 1500 Euro belegt. Zu entrichten an eine wohltätige Einrichtung. Die Verhandlung ist geschlossen.“

Fürchterlich fluchend verlässt Köberl den Gerichtssaal.

Die Klägerinnen Emilie und Sophie Ranzenbacher grinsen zufrieden.

Der Pinguin Johnny

Im vergangenen Jahr besuchte Markus Hauser mit seiner Frau und den Kindern Thomas und Melanie seinen alten Freund Bill in Australien. Dieser bewohnte einen hübschen Bungalow mit Garten am Rande von Melbourne. Nachdem man gemeinsam die Stadt besichtigt hatte, wollte Bill den Kindern etwas Besonderes bieten. Am Abend fuhr man hinaus nach Philipp Island zur Pinguinparade. Die Besucher nahmen auf einer Holztribüne oberhalb eines Strandes Platz. Kaum war es dunkel geworden, da erstrahlten die Scheinwerfer. Gespannt erwartete das Publikum, was nun geschehen würde. Plötzlich erschienen im Wellensaum einige Pinguine. Nach einer Weile folgten ihnen weitere Artgenossen. Am Ende waren es über vierhundert der putzigen Vögel, die in Reih' und Glied den Strand hinaufwatschelten. Sie folgten dem schrillen Schrei ihrer Jungen, die in Erdhöhlen saßen und auf die Rückkehr ihrer Eltern warteten. Zielsicher fanden die Alten ihren Nachwuchs. Sie würgten Fische aus ihrem Schlund und stopften sie in die weit aufgerissenen Schnäbel ihrer Jungen. Dieses rührende Schauspiel faszinierte gleichermaßen Kinder wie Erwachsene.

Thomas und Melanie kehrten hell begeistert von der Pinguinparade zurück. Da dachte Bill, er könnte ihnen etwas noch Schöneres bieten. Er kannte eine Frau namens Judy Mentiply, die im ganzen Land als Wohltäterin der Tiere bekannt war. Auf ihrem Anwesen pflegte sie Tiere, die verletzt am Straßenrand aufgefunden wurden oder auf andere Weise zu Schaden gekommen waren. Als einzige Person im Land besaß Judy das Recht, Wildtiere auf ihrem Privatgelände zu halten. Damit war die Auflage verbunden, sie nach ihrer Gesundung wieder in die Freiheit zu entlassen. Da Bill mit Judy befreundet war, genügte ein Telefonanruf, und die Gäste aus Deutschland durften das Tierheim besuchen.

Als Bill mit den Hausers am Tor des Tierhospitals vorfuhr, wurden sie von Judy Mentiply herzlich empfangen. Mit ihrem strubbeligen Haar und dem zernarbten Gesicht wirkte sie schon rein äußerlich wie eine besondere Frau. Die vielen Kratzspuren und Bissnarben an ihren Armen zeugten davon, dass der Umgang mit ihren Zöglingen nicht immer friedlich verlief. Zuerst zeigte Judy ihren Besuchern seltene Tiere, die sie noch nie gesehen hatten, unter ihnen ein Possum, das sich mit seinem Schwanz an einem Zweig festhalten, sowie einen ‚Sugar Glider', der mit Hilfe seiner Flughäute von der Spitze eines Baumes einhundert Meter weit gleiten konnte. Judy öffnete das Gatter zum Känguru-Gehege und ließ Thomas und Melanie eintreten. Die Tiere waren gar nicht scheu und hopsten neugierig zu den Kindern heran. Sie ließen sich streicheln und sogar im Arm halten. Während Thomas und Melanie mit den Kängurus spielten, erzählte Judy, leider würden viele Tiere im Straßenverkehr angefahren. Sie appellierte an die Autofahrer, verletzte Tiere mitzunehmen und zu ihr zu bringen. Sei ein Känguru tot, sollten sie in den Beutel greifen. Oft befände sich darin noch ein lebendes Junges, das sie aufziehen könne. Am größten war die Begeisterung der Kinder bei den Koalas. Sie durften die niedlichen Tiere wie Babys auf dem Arm halten. Da sie sich nur im Zeitlupentempo bewegten, kämen viele bei Buschbränden jämmerlich um, berichtete Judy. Vor allem den Kindern tat das furchtbar leid.

Die Besucher wollten gerade das Gelände des

Tierheims verlassen, da watschelte ein kleiner Pinguin über den Weg. Am Flügel trug er eine metallene Spange. Judy nahm den Wasserschlauch und besprengte den Vogel. Der breitete die Flügel aus und reckte den Kopf in die Höhe. Er genoss sichtlich die kühle Dusche. Alle mussten über den drolligen Pinguin lachen.

„Er ist mein einziger Dauergast hier", berichtete Judy. „Ich habe ihn hilflos mit gebrochenem Flügel am Strand von St. Kilda gefunden. Er wäre unweigerlich verhungert. Also nahm ich ihn in Pflege. Er wurde mein bester Freund. Ich nannte ihn Johnny. Bald verheilte der Bruch des Flügels. Im Teich schwamm er seine Runden, tauchte und spritzte nach Herzenslust. Ich wusste, bald war es an der Zeit, ihn in die Freiheit zu entlassen. Dazu war ich auch laut Abmachung mit der Regierung verpflichtet. Schweren Herzens fuhr ich mit Johnny am frühen Morgen hinaus zum Strand von St. Kilda. Ich wartete, bis die anderen Pinguine ihre Nester verließen und zum Fischfang aufs Meer hinausschwammen. Als ich Johnny freiließ, lief er mit seinen Artgenossen hinunter zum Wellensaum. Er stürzte sich ins Wasser und drehte noch ein paar Runden. Dann verlor ich ihn aus den Augen. Traurig kehrte ich zu meinem Wagen zurück. Als ich mich noch einmal umdrehte, sah ich einen einzelnen Pinguin den Strand heraufwatscheln. An der Spange an seinem Flügel erkannte ich sogleich, es war Johnny! Er kam zu mir und wich nicht von meiner Seite. Was sollte ich tun? Ich nahm ihn wieder mit nach Hause. Schon fünf Mal habe ich versucht, ihn auszuwildern, aber er kommt immer wieder zu mir zurück. So behalte ich eben meinen Johnny. Ich hoffe, falls die zuständigen Leute von der Regierung es erfahren, werden sie ein Auge zudrücken."

Der Lügendetektor

Oliver hat es faustdick hinter den Ohren. Mal schwindelt er seine Klassenkameraden an, dann wieder die Oma, bisweilen auch seine Eltern. Diese Lügen will sich sein Vater nicht länger gefallen lassen. Im Electronic-Shop Jupiter kauft er einen Lügendetektor. Den stellt er im Wohnzimmer auf. Als Oliver von der Schule nach Hause kommt, sieht er das Gerät auf dem Tisch stehen und möchte wissen, wozu es dient.

„Es ist ein ganz modernes Universalgerät, mein Lieber. Das neueste, was es auf dem Markt gibt. War nicht gerade billig. Hat 399 Euro gekostet. Aber es ist auch sehr vielseitig. Man kann damit die Zimmertemperatur, die Luftfeuchtigkeit, den Schallpegel und die Feinstaubbelastung messen."

„Ist ja toll", meint der Junge und schaut sich den Apparat genauer an. Da sind verschiedene Skalen sowie große und kleine Zeiger. Während sich Oliver mit dem Gerät beschäftigt, schaut der Vater zu ihm hinüber. Dabei fällt ihm auf, dass an Olivers Nase angetrocknetes Blut klebt.

„Wie war's denn heute in der Schule?", fragt der Vater ganz beiläufig.

„Prima war's. Warum fragst du?"

„Weil an deiner Nase Blut klebt. Hast du dich etwa schon wieder mit deinen Klassenkameraden geprügelt? Du hast mir doch versprochen, das nicht mehr zu tun!"

„Nein, nein, Papa. Im Sportunterricht bin ich beim Völkerball an der Nase getroffen worden. Es hat ein bisschen geblutet. War aber weiter nicht schlimm."

Der Vater schaut zum Lügendetektor hin. Der Zeiger schlägt bis zur Mitte der Skala aus.

„Du hast mich angelogen, Freundchen!" schimpft der Vater. „Jetzt aber raus mit der Sprache. Warum hattest du

Nasenbluten?“

„Ich habe mich mit Kevin geprügelt. Er hat ‚dumme Sau‘ zu mir gesagt.“

Der Zeiger kehrt wieder auf Nullstellung zurück. Der Vater ist zufrieden. Irgendwie versteht er den Sohn, denn so üble Ausdrücke braucht man sich nicht gefallen zu lassen. In freundlichem Ton geht das Gespräch weiter.

„Und hast du in der Schule auch gut aufgepasst?“

„Klar doch!“, versichert Oliver. „Ich pass‘ immer gut auf!“

Der Zeiger des Lügendetektors schlägt bis zum Anschlag aus. Jetzt wird der Vater böse.

„Du hast mich schon wieder angelogen, Bürschchen! Kein Wunder, dass du so ein schlechtes Zeugnis hast! Eine Vier in Mathe. Fünfen in Deutsch, Englisch und Erdkunde. So kann das nicht weitergehen! Als ich in deinem Alter war, hatte ich nur Einser und Zweier!“

Aus dem Lügendetektor ertönt ein lautes Brummen. Der Zeiger wickelt sich um seine Achse. Ein Blitz zuckt auf. Dann gibt es einen kurzen Knall. Rauch steigt auf. Das Gerät ist kaputt.

Herbst auf dem Stuttgarter Schlossplatz

Schon seit Tagen zogen tiefhängende, graue Wolken über das Land. Sie verhüllten die Häuser, die Gärten und die Wälder, die ich gewöhnlich durch das Fenster meines Arbeitszimmers sah. Selbst die spitze, hoch aufragende Nadel des Fernmeldeturms war nicht mehr zu sehen. Tristesse breitete sich aus. Das nasskalte, garstige Wetter gab schon einen Vorgeschmack auf den Winter. Die

Menschen befürchteten, der ‚Goldene Oktober' falle in diesem Jahr aus. Doch dann zog er ganz überraschend über Nacht ein. Es schien, als kehre der Sommer wieder zurück. Ich schwang mich aufs Fahrrad und radelte durch den Silberwald zur ‚Stelle'. Im Gegenlicht der Sonnenstrahlen leuchteten die Blätter in zarten Braun-,Gelb- und Rottönen. Diese Pracht des deutschen Altweibersommers fand ich ebenso schön wie den ‚Indian Summer' Nordamerikas, den ich vor Jahren erlebt hatte.

Bald erreichte ich den Talkessel. Auf dem Schlossplatz lagen die stachligen Hüllen der Kastanien und ihre braunglänzenden Früchte in Massen auf dem Boden. Damals, als wir noch Kinder waren, sammelten wir sie voller Begeisterung auf. Sie galten uns als etwas Wertvolles. Aus ihnen bastelten wir Tiere. Mit Hilfe eines Handbohrers und einigen Zahnstochern entstanden unter unseren Händen Igel und Katzen, Hunde und Pferde. Es stimmte uns traurig, dass schon innerhalb weniger Tage die glänzende braune Haut runzlig und unansehnlich wurde. Und heute? Wo waren die Kinder geblieben? Wollten sie denn keine Kastanien auflesen?

Bevor ich mich auf einer Bank niederließ, kaufte ich im Buchhaus Wittwer eine Taschenausgabe von Tolstois Erzählung ‚Die Kreutzersonate'. Draußen gab es noch genügend freie Sitzplätze. Nur wenige Menschen genossen die letzten warmen Sonnenstrahlen. Allen war wohl bewusst, der Winter würde bald anbrechen. Es herrschte eine Stimmung des Abschiednehmens, des Abschiednehmens von einem langen, warmen Sommer. Ich setzte mich auf eine Bank und begann zu lesen. Nicht lange, da nahm ein junger Mann mit bräunlicher Hautfarbe neben mir Platz. Er begrüßte mich, deutete sogleich zur Mitte des Platzes und fragte ganz spontan, was für ein Monument das sei.

„Das ist die Jubiläumssäule", erklärte ich. Die Mimik meines Nebensitzers verriet mir, dass er dieses schwierige Wort vorher noch nie gehört hatte. Also schrieb ich es auf den Kassenzettel des Buchhauses Wittwer. Nun tippte der junge Mann auf seinem Tablet herum und las vor: „Jubiläumssäule in der Mitte des Stuttgarter Schlossplatzes…errichtet zum fünfundzwanzigjährigen Regierungsjubiläum von König Wilhelm I…an ihrer Spitze die geflügelte Concordia, Göttin der Eintracht…"

Ich staunte, wie interessiert sich der Fremde zeigte. Da könnte sich mancher Einheimische eine Scheibe abschneiden, dachte ich. Dann beugte sich mein Nachbar zu mir herüber und betrachtete ganz ungeniert die Kohlezeichnung auf dem Cover des Taschenbuches. Sie zeigte einen finster blickenden Mann, der hinter einer Türe stand und einen Dolch in der Hand hielt.

„Ist das ein Krimi?", wollte der Mann wissen.

„So kann man sagen. Es ist eine Erzählung des russischen Schriftstellers Leo Tolstoi. Der Mann auf dem Bild ersticht aus Eifersucht seine Frau."

Ich blätterte einige Seiten weiter und zeigte meinem Gesprächspartner die entsprechende Kohlezeichnung.

„Wie schrecklich!", meinte er. „Das sollte nicht passieren!"

Nun wurde auch ich neugierig. Wollte erfahren, woher mein Nachbar kam. Da er sich für schwäbische Begriffe ziemlich distanzlos verhielt, legte ich meine Zurückhaltung ab und behauptete einfach:

„Ich kenne das Land, aus dem Sie stammen!"

„So, und woher komme ich?"

Ich schaute dem Mann ins Gesicht. „Das Land liegt in östlicher Richtung", fing ich an. Mein Gegenüber nickte. „Vielleicht ist es ein arabisches Land. Wahrscheinlich liegt es aber noch weiter im Osten. Ich denke, es ist

Indien.“

„Richtig, wie kommen Sie darauf?“, erwiderte mein Nachbar erstaunt.

„Weil ich schon drei Mal einige Wochen mit dem Rucksack durch Indien gereist bin. Ich habe Delhi und Mumbai, Varanasi und Kolkata besucht. Am besten gefallen hat mir Jaipur.“

„Da komme ich her!“, rief der Mann.

Wir schwärmten nun von Jaipur, der ‚pinkfarbenen Stadt‘ Rajastans, vom ‚Palast der Winde‘ und dem Märchenschloss ‚Amber Castle‘. Plötzlich brach mein Gesprächspartner die Unterhaltung ab und rief: „Claudia! Claudia!“ Im nächsten Augenblick näherte sich uns eine junge Frau. Der Mann stand auf, umarmte und küsste sie. Dann nahm seine Freundin zwischen uns beiden Platz. Um das junge Paar nicht zu stören, hielt ich mich zurück und las die ‚Kreutzersonate‘ weiter. Konzentrieren konnte ich mich jedoch nicht, denn ständig bezogen mich die beiden in ihr Gespräch ein. Nach einer Weile sagte der junge Mann: „Wir gehen jetzt einen Kaffee trinken. Kommen Sie mit?“

Da ich den Inder und seine Freundin lieber alleine lassen wollte, lehnte ich den Vorschlag mit der Begründung ab, meine Frau warte zu Hause auf mich. Also trennten wir uns. Mit meinem Elektrofahrrad kam ich mühelos hinauf zur Geroksruhe. Während der Fahrt durch den buntbelaubten Wald dachte ich:

„Eigentlich braucht man keine Reise in ferne Länder unternehmen, um mit den Einheimischen in Kontakt zu kommen. Was man auf dem Stuttgarter Schlossplatz in kurzer Zeit erleben kann, ist nicht weniger interessant. Und obendrein ist die Fahrt mit dem Fahrrad von Sillenbuch zur Innenstadt außerordentlich preisgünstig. Sie hat mich keinen Cent gekostet.“

In der Bäckerei

Herr Dietrich ist Lehrer mit Leib und Seele. Seine Viertklässler mögen ihn. Gerade wird im Heimatkundeunterricht das Thema ‚Vom Korn zum Brot' behandelt. Um den Unterricht interessant und anschaulich zu gestalten, will Herr Dietrich mit seiner Klasse einige Lerngänge unternehmen. Bei einer Wanderung über die Felder lernen die Kinder die Getreidesorten Weizen, Roggen, Gerste, Hafer und Dinkel kennen. In einem Betrieb im Siebenmühlental verfolgen sie, wie das Korn zu Mehl gemahlen und anschließend in Säcke gefüllt wird. Den Höhepunkt bildet der Besuch bei der Dorfbäckerei Lang. Der Meister versteht sein Handwerk und hat Freude an der Arbeit. Außerdem mag er Kinder. Er freut sich schon darauf, wenn Herr Dietrich mit seinen Viertklässlern zu ihm in die Backstube kommen wird.

Die Kinder fiebern dem Besuch beim Bäcker Lang entgegen. In geordneter Reihe gehen sie von der Schule zur Bäckerei. Der Meister begrüßt sie freundlich lächelnd vor der Ladentür. Er führt sie an der Verkaufstheke vorbei, wo hinter Glas leckere Backwaren liegen und zwei flinke Verkäuferinnen die Kunden bedienen. Dann geht's hinein in die Backstube. Die Kinder sind überwältigt. Wie fein duften die frischen Brote, die gerade mit langen Schiebern aus dem großen Backofen gezogen werden! Und wie lustig sehen die Männer aus, die ganz mit Mehlstaub überpudert sind! Die könnten glatt als Clowns in einem Zirkus auftreten. Bevor die Kinder näher herantreten dürfen, erklärt Herr Lang die Verhaltensregeln:

„Haltet bitte Abstand von den Maschinen, denn sie könnten euch verletzen! Werft auch keine Gegenstände in den Teig, seien sie auch noch so klein! Ich verstehe, dass ihr gerne von den süßen Leckereien naschen wollt, aber das dürft ihr auf keinen Fall. Die Hygienevorschriften verbieten das. Wenn ihr mir versprecht, diese Regeln einzuhalten, bekommt ihr hinterher ein kleines Geschenk von mir! Habt ihr das verstanden?"

Die Kinder rufen im Chor: „Jaaaa!" Dann geht's von Arbeitsplatz zu Arbeitsplatz. Sie sehen, wie in einem großen Kessel mit kräftigen Maschinenarmen der Teig geknetet wird, wie die Brötchen geformt und die Schneckennudeln von einer langen Teigrolle abgeschnitten werden. Unglaublich, wie schnell die Maschine das schafft! Würde man jede Schneckennudel einzeln formen, bräuchte man dazu fast den ganzen Tag. So dauert das nur fünf Minuten. Am meisten bewundern die Kinder einen Gesellen, der mit Schwung die Brezeln schlingt. Zuletzt geht es hinüber zur Konditorei. Frau Lang belegt eben mit ihren Helferinnen mehrere Zwetschgenkuchen. Mit unglaublicher Geschwindigkeit schlägt Herr Lang mit dem Schneebesen in einer Schüssel den Eischaum. Um zu zeigen, wie steif er ist, hält er das Behältnis mit der Öffnung nach unten über die Arbeitsplatte. Die Kinder staunen: Der Schaum fällt nicht heraus.

„Herr Lang, getrauen Sie sich auch, die Schüssel über Ihren Kopf zu halten?", fragt ein etwas vorlautes Mädchen, das von den Künsten des Meisters ganz begeistert ist.

„Klar doch! Da passiert gar nichts", antwortet Herr Lang. Alle schauen gebannt zu, wie die Schüssel, Öffnung nach unten, über dem Kopf des Meisters schwebt. Welch ein Wunder! Der Schaum bewegt sich nicht! Doch plötzlich kommt er ins Rutschen. Blitzschnell reagiert Herr Lang. Doch zu spät! Seine Mütze kippt zur Seite weg. Die weiße Masse fällt ihm auf den Kopf. Wie ein Hut bedeckt sie sein Haar. Das sieht vielleicht komisch aus! Nur mit Mühe können sich die Kinder das Kichern verkneifen. Doch nun fängt Herr Lang selbst an zu lachen und die Kinder stimmen in das Gelächter ein. Frau Lang schaut ihren Mann an und meint:

„Herrlich siehst du aus, Martin! Am liebsten würde ich in dieser Aufmachung mit dir zum Fasching gehen!“

Doch damit ist der Spaß noch nicht zu Ende. Nachdem sich Herr Lang am Waschbecken gesäubert hat, kommt er mit einem Korb herrlich duftender, noch ofenwarmer Brezeln zurück. Jedes Kind bekommt eine geschenkt. Fröhlich verlassen die Viertklässler die Bäckerei. Alle knabbern an ihrer Brezel. Die Kinder haben viel gelernt und Herrn Langs misslungene Eischaum-Demonstration werden sie nie vergessen.

Der Obertürkheimer Nikolaus

Herr Brodbeck ist Lehrer. Genauer gesagt, Grundschullehrer. Jeden Morgen fährt er mit dem Rad von seiner Wohnung in Obertürkheim zur Schule nach Bad Cannstatt und am Nachmittag wieder zurück. Er unterrichtet sechsundzwanzig putzmuntere Zweitklässler. Die Kinder mögen ihn, denn Herr Brodbeck behandelt sie gut. Sein Unterricht ist nie langweilig und oft mit Humor gewürzt.

Seit vielen Jahren spielt Herr Brodbeck an seiner Schule den Nikolaus. Am sechsten Dezember zieht er schon vor Unterrichtsbeginn seinen roten Mantel an, setzt die Zipfelmütze auf und befestigt einen langen weißen Bart an seinem Kinn. Zwölf Klassen besucht er im Laufe des Vormittags. Das ist ganz schön anstrengend, denn er muss sich je nach Altersstufe immer wieder etwas anderes einfallen lassen und zudem den schweren Sack treppauf treppab schleppen. Zuerst kommt Herr

Brodbeck zu den Erstklässlern. Das klappt prima, denn die Kleinen sind noch ganz kindlich und glauben, den Nikolaus gebe es wirklich. Dann sind die Zweitklässler an der Reihe. Nun wird es schwierig, denn er muss in seiner eigenen Klasse auftreten. Mit größter Mühe verstellt er seine Stimme und bewegt sich gebeugt und langsam wie ein alter Mann.

„Von weit draußen komm‘ ich her. Meine Heimatstadt liegt in der Türkei. Ich bin dort Bischof und helfe den Armen“, beginnt er seine Rede. Nun kommt bei den türkischen Kindern Unruhe auf. Alle wollen gleichzeitig etwas sagen.

„Wie ihr seht, habe ich wie jeder von euch zwar zwei Ohren. Trotzdem kann ich immer nur einem zuhören. Also sprecht bitte nacheinander.“

„Meine Familie kommt auch aus der Türkei. Meine Oma und mein Opa wohnen dort. Die Stadt heißt Izmir. In den Sommerferien besuchen wir sie immer“, berichtet Sevgi.

„Ich glaub‘, du kommst gar nicht aus der Türkei, sondern aus Obertürkheim!“, meint Onur spitzbübisch und schaut den Nikolaus dabei frech an.

Der Nikolaus lacht, dass ihm fast der Bart abfällt. Dann erklärt er: „Da irrst du dich aber gewaltig, mein Lieber! Ich komme weder aus Ober- noch aus Untertürkheim. Meine Heimatstadt heißt ‚Myra‘ und liegt ganz weit hinten in der Türkei.“

In seinem Übereifer hat Herr Brodbeck vergessen, seine Stimme zu verstellen. Manche Kinder tuscheln miteinander. Philipp ruft: „Ich glaub‘, das ist gar nicht der Nikolaus, das ist Herr Brodbeck!“

„Hab‘ ich da etwa den Namen Brodbeck gehört?“, fragt der Nikolaus streng. „Wenn ich das nochmal höre, dann bin ich beleidigt und kehre augenblicklich in die

Türkei zurück. Dann seht ihr mich nie wieder!“

Die Kinder wollen natürlich, dass der Nikolaus bei ihnen bleibt. Schließlich ist er so nett zu ihnen. Der Name ‚Brodbeck‘ ist nun nicht mehr zu hören. Der Nikolaus lobt die Kinder für ihren Fleiß und ihre Aufmerksamkeit im Unterricht. Ganz besonders hebt er hervor, wie sehr sich ihr Lehrer, ein gewisser Herr Brodbeck, über ihre guten Leistungen freut. In freundlichem Ton ermahnt er die Buben, sich in Zukunft nicht mehr zu prügeln. Die Mädchen bittet er, etwas weniger zu schwatzen. Er ist ein sehr lieber Nikolaus, der keinem Kind mit der Rute droht oder es in den Sack stecken will. Der ist ohnehin voll mit kleinen Geschenken. Was kommt da nicht alles ans Tageslicht! Mandarinen und Kekse, Autobilder und Haarspangen, kleine Figuren aus Holz und Schokoladenikoläuse. Während sich der Nikolaus über den Sack beugt, bleibt sein Bart an einem Bändel hängen und fällt ab. Die Kinder sind zuerst sprachlos. Dann fangen sie an zu lachen. Zuerst leise, dann immer lauter. Herr Brodbeck stimmt in das Lachkonzert ein. Jetzt bleibt ihm nichts anderes übrig, als Farbe zu bekennen.

„Philipp, du Spitzbube, hast vorhin schon erkannt, dass ich der Nikolaus bin“, erklärt Herr Brodbeck. „Das ist schade, denn nun kann ich im nächsten Jahr nicht mehr zu euch kommen. Es macht keinen Sinn, denn ihr wisst ja, dass euer Lehrer den Nikolaus spielt und nicht aus der Türkei, sondern aus Obertürkheim kommt.“

„Bitte, bitte, Herr Brodbeck, kommen Sie wieder! Es war so lustig mit Ihnen. Und im nächsten Jahr tun wir einfach so, als seien Sie der echte Nikolaus!“

Herr Brodbeck verspricht es. Die Kinder sind glücklich.

Die Weihnachtskrippe

Herr Brettschneider ist Religionslehrer. In diesem Jahr will er seinen Schülerinnen und Schülern die Weihnachtsgeschichte nahebringen. Während seiner Ausbildung hat er gelernt, wie wichtig Anschauungsmaterial ist. Darum bastelt er schon seit Wochen an einer Krippe, die er rechtzeitig vor dem Fest fertigstellen und in den Unterricht mitbringen will. Abend für Abend sägt und hämmert, feilt und klebt er. Den Stall baut er aus Sperrholz. Anschließend streicht er die Wände und begrünt das Dach mit Moos. Den Boden bestreut er mit Sägemehl. Bei der Gestaltung der Landschaft verwendet er echte Steine. Die Schafweiden färbt er mit grünem, die Äcker mit braunem Streumaterial. Büsche und Bäume stellt er aus dünnen Zweigen her. Am meisten Mühe gibt sich Brettschneider beim Modellieren der Personen und Tiere. Er rührt einen dicken Brei aus Kleister und Pappestückchen an. Daraus formt er Maria, Josef und das Jesuskind. Auch die Heiligen drei Könige aus dem Morgenland entstehen unter seinen Händen. Am meisten Schwierigkeiten bereitet Brettschneider die Gestaltung der Tiere. Mal sieht der Esel wie ein Hund aus, und der Ochse gleicht einer Ziege. Am Ende sind aber alle Figuren gut gelungen und fein bemalt. Zufrieden blickt Brettschneider auf sein Werk.

In der letzten Religionsstunde vor den Weihnachtsferien bringt Brettschneider die Krippe in den Unterricht mit. Die Kinder staunen. Das hätten sie ihrem Lehrer, der sich sonst überwiegend mit frommen Büchern beschäftigt, gar nicht zugetraut. Er ist mehr als ein geschickter Bastler. Er ist ein begabter Künstler. Brettschneider ist mächtig stolz. Der Einstieg in die Stunde ist geglückt. Nun wendet er einen pädagogischen Kniff an: Er will die Kinder schrittweise an das Wunder der Geburt Jesu heranführen. Sie sollen selbst erkennen, warum wir Weihnachten feiern.

„Ihr seht hier einen Stall in Bethlehem im Heiligen Land“, erklärt Brettschneider. „Maria und Josef sind von weit her gekommen. Den ganzen Tag sind sie gewandert. Für Maria war das sehr beschwerlich, denn sie erwartet ein Kind. Müde kommen sie am Abend in Bethlehem an. Alle Herbergen sind belegt. Es bleibt ihnen nichts anderes übrig, als die Nacht in einem Stall zu verbringen. Aber es ist eine ganz besondere Nacht. Es herrscht eine himmlische Ruhe. Die Schafe blöken nicht. Die Böcke stoßen nicht mit den Hörnern. Der Ochse brüllt nicht. Der Esel schlägt nicht aus. Wisst ihr auch, warum die Tiere so friedlich sind?“

Die Kinder schweigen. Brettschneider wartet. Will nichts verraten. Seine Zöglinge sollen selbst das Geheimnis erkennen. Noch immer tut sich nichts. Brettschneider deutet auf die Krippe. Jetzt müsste doch ein Kind dahinter kommen, denkt er. Na endlich! Lukas meldet sich. Ausgerechnet Lukas, der den gleichen Namen trägt wie der Evangelist, der die Umstände der Geburt Christi so genau beschreibt. Der Junge muss es wissen, denkt Brettschneider und ruft ihn auf. Lukas hat gut aufgepasst und spricht:

„Herr Brettschneider, ich weiß, warum die Schafe nicht blöken, die Böcke nicht stoßen, der Ochse nicht brüllt, der Esel nicht ausschlägt.“ Pause. Gespannte Erwartung. Dann Lukas mit fester Stimme: „Weil die Tiere aus Pappe sind, Herr Brettschneider!“

Ulis Weihnachtsfreude

Wie die meisten Buben träumte auch der achtjährige Uli von der Eisenbahn. Oft stand er vor dem Schaufenster des Spielwarengeschäfts Marstaller und betrachtete all die schönen Lokomotiven und Waggons. Besonders gefiel ihm eine kleine schwarze Dampflok. Diese wünschte er sich von seinen Eltern zu Weihnachten. Doch sein Vater meinte, für so ein Spielzeug sei er noch zu klein. Außerdem koste eine Eisenbahn mit all dem Zubehör viel Geld. Uli fand sich damit ab, dass sein Wunsch nicht in Erfüllung gehen würde und begnügte sich weiterhin mit dem Blick durch die Schaufensterscheibe. Doch eines Tages schöpfte er neue Hoffnung. Sein Vater war soeben von der Arbeit heimgekehrt. Unter dem Arm trug er einen roten Karton. Uli erkannte sofort, diesen hatte er schon einmal im Spielwarenladen gesehen. Rasch verschwand der Vater im Schlafzimmer und verstaute den Karton im Kleiderschrank.

Das Weihnachtsfest rückte näher. Von Tag zu Tag wuchs Ulis Aufregung. Kaum konnte er es erwarten, bis der Heilige Abend anbrach. Wie üblich besuchte er vor der Bescherung mit seinen Eltern die Christmette. Ihm schien, als wolle die Predigt des Pfarrers kein Ende nehmen. Die Geschichte von Maria, Josef und dem Jesuskind hatte Uli schon so oft gehört. Warum konnte der Mann auf der Kanzel nicht mal über die Eisenbahn sprechen? Die brachte doch die größte Weihnachtsfreude! Endlich ging der Gottesdienst zu Ende. Unter den Klängen des Posaunenchors verließ Uli mit seinen Eltern die Kirche. Zu Hause angekommen, musste er wieder warten, bis die Mutter das festlich geschmückte Wohnzimmer hergerichtet hatte. Schließlich durfte Uli eintreten. Nur im Vorbeigehen blickte er zum Weihnachtsbaum hinüber, an dem unzählige rote Kerzen brannten und bunte Glaskugeln glänzten. Dann eilte er zu seinem Gabentisch. Die Socken und den Anorak schob er gleich zur Seite. Nicht einmal die Schlittschuhe und das Abenteuerbuch interessierten ihn. Im Nu hatte er den roten Karton geöffnet. Als er die kleine schwarze Lok sah, stieß er einen Freudenschrei aus. Sogleich baute er auf dem Fußboden ein Gleisoval auf und ließ seine Lok im Kreis herum fahren. Sogar zwei grüne Personenwagen und drei Güterwagen konnte sie hinter sich her ziehen.

Inzwischen waren Ulis Opa und Oma zu Besuch gekommen. Die Eltern trugen das Festessen auf. Es gab Gänsebraten mit Knödeln und Blaukraut, Ulis Lieblingsgericht. Trotzdem fing er nicht gleich an zu essen, denn er dachte immerzu an die kleine Lok. Seine Mutter musste ihn ermahnen, nicht immer zur Eisenbahn hinüberzuschauen. Nachdem abgetragen war, durfte Uli seine Eisenbahn auf dem Tisch aufbauen, denn auch der Vater und der Großvater hatten ihre Freude an dem Spielzeug. Uli belud den Langholzwagen mit dünnen Salzstengeln, den Kippwagen mit Haselnüssen und den Niederbordwagen mit ‚Gutsle‘, die seine Mutter gebacken hatte. Dann drehte er den Schaltknopf des Trafos nach rechts. Der Zug fuhr los. Auf Wunsch hielt er an jeder beliebigen Stelle des Gleisovals. Die Eltern und Großeltern bedienten sich, wonach es ihnen gerade gelüstete. Auch Uli griff bei jeder Runde zu. Beim Anblick des Zügleins träumte er davon, auch einmal mit der richtigen Eisenbahn fahren zu dürfen. Doch jedes Mal, wenn er seinen Wunsch äußerte, vertrösteten ihn die Eltern auf einen späteren Zeitpunkt.

Tag für Tag beschäftigte sich Uli mit seiner Eisenbahn. Oft spielten auch seine Freunde, sein Vater, sein Großvater und sein Onkel mit, als seien sie noch kleine Buben. Eines Abends passierte dem Vater ein Missgeschick.

Beim Griff nach dem Weinglas stieß er mit dem Ellbogen die kleine Lok vom Tisch. Wieder auf die Gleise gesetzt, bewegte sie sich nicht mehr. Uli weinte. Sein Lieblingsspielzeug war kaputt! Weder der Vater, noch der Großvater, auch nicht der Onkel konnten es reparieren. Doch der Vater wusste, wie er Uli trösten konnte.

„Wir fahren morgen mit dem Zug nach Göppingen", versprach er. „Dort ist die große Fabrik von Märklin, wo auch deine Modelleisenbahn hergestellt wurde. Es gibt dort ein ‚Service Center' mit sehr geschickten Mechanikern. Die finden bestimmt den Fehler."

Uli freute sich unbändig. Nicht nur seine Lok würde repariert werden, er durfte sogar zum ersten Mal in seinem Leben mit der Eisenbahn fahren. Die Reise durch das Neckar- und Filstal fand Uli sehr spannend. Zwar wurde der Zug von keiner schwarzen Dampflok gezogen, aber die moderne E-Lok beeindruckte ihn nicht weniger. Uli staunte, wie weich die Waggons über die Gleise rollten. Am Göppinger Bahnhof angekommen, gingen Vater und Sohn zu Fuß zum Märklin-Museum. In einer Vitrine sah Uli seine Dampflok und ihre Verwandten wieder. Da gab es winzige, noch kleinere als seine, und Riesenrösser mit Schlepptender von dreifacher Länge. Wenn er groß wäre, wollte er sich auch so eine Maschine kaufen. Im ‚Service Center' wurden Uli und sein Vater sehr freundlich von einem Mann im weißen Kittel bedient. Wie ein Eisenbahndoktor sah er aus. Er nahm Ulis Lok mit in seine Werkstatt. Nach einer Weile kam er lächelnd zurück, schaute Uli an und sagte:

„Bua, dei' Lok lauft widder!"

Uli vollführte einen Freudensprung. Der Mechaniker setzte die Lok auf ein Gleis und ließ sie mal schnell, mal langsam hin und her fahren. Uli strahlte. Als der Vater fragte, woran es lag und was die Reparatur koste, antwortete der Eisenbahndoktor:

„Ich habe den Fehler gleich gefunden. Eine Feder war gebrochen. Ich habe sie durch eine neue ersetzt. So kleine Reparaturen führen wir kostenlos durch. Wichtig ist nur, dass der junge Herr hier zufrieden ist."

‚Der junge Herr' war nicht nur zufrieden. Er war glücklich. Für ihn brachte dieses Weihnachtsfest eine zweifache Freude. Seine beiden größten Wünsche, eine Modelleisenbahn zu besitzen und einmal mit einem richtigen Zug zu fahren, waren in Erfüllung gegangen.

Herr Bass und seine Familie

Ein komischer Name? Überhaupt nicht! Schauen Sie im Telefonbuch nach! Dort finden Sie Namen wie Hess und Hoss, Kiss und Boss. Warum also nicht auch ‚Bass'?" Herr Bass ist eine stattliche Erscheinung. Hochgewachsen, breiter Rücken, bräunlicher Teint, aufrechte Körperhaltung. Seine tiefe, wohlklingende Stimme beeindruckt jedermann. Die Frauen bewundern ihn. Als waschechter Don Giovanni lässt er sich aber nicht so leicht einwickeln. Unter seinen vielen attraktiven Kolleginnen ist keine, an die er sich binden möchte. Das ändert sich an jenem Tag, als eine charmante Italienerin namens Viola Cello in den Betrieb eintritt. Sie besitzt eine zauberhaft weiche Stimme und wie er einen bräunlichen Teint. Herr Bass verliebt sich in sie. Die gegenseitige Zuneigung wächst von Woche zu Woche. Die anderen Kolleginnen wundern sich, dass der stolze Don Giovanni dahinschmilzt wie ein Schneemann in der Frühlingssonne. Eines nicht allzu fernen Tages heiratet Bass die schöne Italienerin.

Übers Jahr bekommt Frau Cello-Bass ein Kind. Es ist ein Mädchen. Da sich die Eltern weder auf einen deutschen noch einen italienischen Namen einigen können, nennen sie es ‚Bratsche'. Ein nicht gerade wohlklingender, aber immerhin ausgefallener Name. Da sich Herr Bass einen Stammhalter wünscht, wird seine Frau im Jahr darauf wieder schwanger. Voll freudiger Erwartung möchte er diesmal bei der Geburt dabei sein und den kleinen Sohn als Erster begrüßen. Aber, oh je, es ist wieder ein Mädchen! Der frischgebackene Vater ist enttäuscht. Er überlässt die Namensgebung der Mutter. Ihr gefallen die Namen, die auf ‚-ine' enden. Sabine? Kommt zu häufig vor. Josefine? Klingt etwas altmodisch. Christine? Da müsste man gläubig sein. Jetzt hat sie's! ‚Violine' soll das Mädchen heißen! Das klingt italienisch und passt zu ihrem Vornamen ‚Viola'.

Jahre vergehen. Die beiden Mädchen entwickeln sich gut. Schon früh zeigt sich ihre musikalische Begabung, die sie offensichtlich von den Eltern geerbt haben. Bald bildet die Familie ein kleines Orchester. Eines Tages wird der Intendant des Nordost-Rundfunks auf das Quartett aufmerksam. Schon nach dem ersten Auftritt wird die Familie mit Komplimenten überhäuft. Täglich treffen lukrative Angebote ein, die eine hohe Gage für weitere Auftritte bieten. Herr Bass erinnert sich an den Konzertmeister Leopold Mozart, der mit seinen Kindern Nannerl und Wolfgang durch halb Europa reiste und große Erfolge feierte. Der kleine Wolferl galt damals als Wunderkind und durfte sogar auf dem Schoß der Kaiserin Maria Theresia sitzen. Da die Familie nicht nur wie die Mozarts ein Trio bilden, sondern zusammen mit der Mutter als Quartett auftreten, ist sich Herr Bass des Erfolges sicher.

Das Familienoberhaupt behält Recht. Bald wird das Bass-Quartett weit über die Grenzen Deutschlands hinaus bekannt. Um ins Ausland reisen zu können, müssen für die einzelnen Familienmitglieder Pässe ausgestellt werden. Diese beantragt Herr Bass beim zuständigen Bürgeramt. Als er die Dokumente in Empfang nimmt, entdeckt er gleich auf der ersten Seite einen Fehler. Das ‚ss' des Familiennamens ist durch ein ‚ß' ersetzt worden. ‚Baß' anstelle von ‚Bass', das sieht komisch aus. So sehr sich Herr Bass auch wehrt, der zuständige Beamte lehnt die Änderung ab. Unter Hinweis auf den Duden müsse das Wort ‚Bass'am Ende mit ‚scharfem S', auch ‚Eszet' genannt, geschrieben werden. Gegen den Amtsschimmel steht Herr Bass auf verlorenem Posten. Zähneknirschend nimmt er den Fehler in Kauf. Noch ahnt er nicht, welche Probleme sich daraus ergeben werden.

Die erste Konzertreise führt das Quartett, inzwischen unter dem Namen ‚Bass String Quartett' weltbekannt geworden, nach London. Da Großbritannien nicht zur Europäischen Union gehört, werden bei der Einreise am Flughafen ‚King Charles' die Pässe kontrolliert. Weil die Beamten seiner Majestät das ‚scharfe S' nicht kennen, entwickelt sich daraus eine kleine diplomatische Krise. Als sie Herrn Bass nämlich nach seinem Namen fragen, antwortet dieser völlig korrekt, er sei Mister Bass.

„Das ist nicht wahr!", schnauzt der Beamte den Musikvirtuosen an. „Hier in Ihrem Pass steht, dass Sie ‚BaB' heißen!"

Noch dreimal wird ‚Mister BaB' aufgefordert, seinen richtigen Namen zu nennen, und jedes Mal versichert er, er hieße ‚Bass' und nicht ‚BaB'. Die Beamten glauben, ihnen sei ein Spion aus dem feindlichen Europa ins Netz gegangen und lassen diesen Mister Bass alias BaB von der geheimen Staatspolizei festnehmen. Die halbe Nacht wird er samt seiner Familie auf der Wache festgehalten. Erst nachdem sich der Botschafter der Bundesrepublik Deutschland einschaltet, der dem Chef der Geheimpolizei den Unterschied zwischen dem ‚scharfen S' und einem

‚großen B' erklärt, wird das Quartett wieder auf ‚freien Fuss' gesetzt. (‚Fuß' mit ‚ss', da die britische Schreibmaschine kein ‚ß' kennt.)

Bei den weiteren Konzertreisen ergeben sich keine Schwierigkeiten, denn sie führen Familie Bass quer durch alle Länder der Europäischen Union. Auch beim Grenzübertritt in die außereuropäische Schweiz gibt es nichts zu beanstanden, denn die schlauen Schweizer kennen das verteufelte ‚Eszet'. Als das ‚Bass String Quartett' später in Moskau, Tokyo und New York gastiert, ist die Gruppe bereits so bekannt, dass sie bei der Einreise einfach durchgewunken wird. Allein in Großbritannien tritt sie nie mehr auf.

Zum Schluss noch eine wichtige Mitteilung. Am kommenden Donnerstag tritt die Band, die sich inzwischen ‚Baszszsz XXXL Concert Company' nennt, in der Liederhalle unserer Stadt auf. Sichern Sie sich beizeiten eine Karte, denn die Nachfrage ist ungeheuer groß. Leser dieser Kurzgeschichte erhalten Karten zum Vorzugspreis von 119,00 Euro. Inbegriffen sind ein Glas Sekt, ein reservierter Sitzplatz sowie freier Eintritt. Also nichts wie hin!

Musik ist sein Leben

Schon im zarten Alter von sechs Jahren zeigt sich, dass Sebastian Bachmann ein musikalisches Talent ist. Regelmäßig erteilt ihm eine Lehrerin Klavierunterricht. Das Flötespielen lernt er nebenbei. Die Bachmanns lieben die Musik. Der Vater spielt seit seiner Kindheit Geige. Die Mutter und Sebastians Schwester Johanna spielen Klavier. Mit ihnen übt er gerne vierhändige Stücke ein. Bei besonderen Anlässen wie an Weihnachten musiziert die Familie als Quartett. Manchmal endet das gemeinsame

Spiel mit einem Streit, denn der Vater hat neben seiner Arbeit wenig Zeit zum Üben. Sebastian beklagt sich, wenn die Geige nicht gut gestimmt ist. Der Vater packt dann ärgerlich das Instrument ein und zieht sich zurück. Auch die Schwester ist manchmal beleidigt, wenn ihr Sebastian sagt, sie halte den Takt nicht ein. Doch bereits am nächsten Tag herrscht wieder Harmonie in der Familie.

Als junger Mann tritt Sebastian Bachmann bei Klavierkonzerten auf. Er wird mit Beifall überschüttet. Auch Veranstaltungen, bei denen es fröhlich zugeht, begleitet er gerne musikalisch. Da sich ein Klavier nur schwer transportieren lässt, lernt er das Gitarrenspiel. So kann er jederzeit und überall die Leute mit Musik und Gesang erfreuen.

Für Sebastian Bachmann ist seine Begabung ein Glücksfall. Er wird Musiklehrer. So macht er sein Steckenpferd zum Beruf. Am liebsten unterrichtet er die Grundschüler. Jeden Tag singt er gleich zu Beginn der ersten Stunde mit ihnen eines ihrer Lieblingslieder. Die Kleinen wollen gar nicht mehr aufhören. Sebastian verspricht ihnen, sie dürften am Ende des Vormittags nochmal singen, wenn fleißig gearbeitet würde. So strengen sich die Kinder an, und es bleibt immer genügend Zeit für das gemeinsame Singen.

Die Musikstunden sind für Sebastian die reinste Erholung. Wenn die Kinder singen, kann er seine Stimme schonen. Während er auf der Gitarre spielt, läuft er durch die Reihen. Zwischendurch beugt er sich zu einem Kind hinunter und horcht, ob es auch richtig mitsingt. So gibt sich jedes einzelne besondere Mühe. In der großen Pause, wenn sich alle Schüler im Hof aufhalten, zupft Sebastian bisweilen zur Entspannung auf seiner Gitarre. Kommen die Kinder aus der Pause zurück, dann umringen sie ihn und singen einfach mit. Am meisten gefallen ihnen die Lieder ‚Über den Wolken‘ von Reinhard Mey und ‚Heute hier, morgen dort‘ von Hannes Wader.

„Warum singt ihr denn schon wieder? Ich habe doch gar nicht gesagt, dass ihr singen sollt“, meint Sebastian spaßhaft.

„Wenn Sie spielen, dann singen wir!“, erwidern die Kinder. Sebastian gefällt diese Antwort sehr, denn sie zeigt, dass es ihm gelungen ist, die Begeisterung der Buben und Mädchen für die Musik zu wecken.

Etwas ganz Besonderes sind die Stunden, wenn die Orff'schen Instrumente zum Einsatz kommen. Bei Sebastians Kolleginnen und Kollegen dürfen immer nur wenige Schüler die Glockenspiele, Xylophone und Trommeln anschlagen. Sebastian dagegen lässt sie alle gemeinsam musizieren. Kaum sind die Instrumente ausgepackt, will natürlich jeder gleich loslegen. Sebastian versteht das und lässt seine Zöglinge gewähren. So ertönt eine Weile das ‚Katastrophen-Orchester‘. Dann gibt Bachmann ein Zeichen. Die Kinder hören auf zu spielen. Ihr Lehrer erklärt:

„Kein Instrument erklingt von alleine. Wenn ich spreche, muss Ruhe herrschen. Ihr kennt die Regel: Erste Verwarnung, zweite Verwarnung, dritte und letzte Verwarnung. Der Betreffende packt dann möglichst geräuschlos sein Instrument ein und bringt es in den Schrank zurück.“

Mit dieser kurzen Anweisung bringt Bachmann Ordnung ins Klassenorchester, ohne die ein gemeinsames Musizieren nicht möglich wäre. Hält sich ein Kind nicht an die Regel, dann gibt's kein Schimpfen, kein Tadeln, kein Diskutieren, kein Nachhaken. Das Instrument wird einfach aufgeräumt. Fertig. Und wie oft kommt das vor? Nur zwei oder drei Mal im Laufe eines Jahres. Sebastian bereitet es großes Vergnügen, wenn er mit seiner Gitarre inmitten der Kinderschar sitzt und von allen Seiten die

Klänge hört. Spielt ein Kind falsch, dann wird es nicht zurechtgewiesen. Sebastian zeigt ihm ganz freundlich, welche Töne es anschlagen muss und rät ihm, zunächst etwas leiser zu spielen. Die Kinder staunen, dass ihr Lehrer jeden noch so kleinen Misston hört. Sie halten ihn für ein Musikgenie. Sebastian lacht und meint:

„Leider kann ich mich nicht mit Johann Sebastian Bach oder dem Dirigenten eines Sinfonieorchesters messen. Der hört sofort, wenn einer seiner sechzig Musiker falsch spielt. Bei unserem kleinen Orchester ist es keine Kunst, einen Fehler zu hören."

Besondere Höhepunkte des Jahres sind die Feste zu Beginn des Schuljahres, zur Sommerzeit und an Weihnachten. Während sich Bachmanns Kolleginnen und Kollegen um die Bestuhlung, die Dekoration, den Aufbau der Kulissen, den Empfang und die Bewirtung der Gäste kümmern müssen, kann er seiner Leidenschaft frönen. Er tritt mit dem Schülerchor auf und begleitet den Gesang mit der Gitarre. Er weiß, er kann sich auf die Kinder verlassen. Bisher haben sie ihre Lieder immer fehlerlos, und was noch wichtiger ist, mit Begeisterung gesungen. Wie schon gesagt, halten sie ihren Lehrer für ein Genie, für einen Alleskönner, dem beim Musizieren nie ein Fehler unterläuft.

Wieder steht Weihnachten vor der Tür. Die Schulgemeinde hat sich in der festlich geschmückten Aula versammelt. Bachmann steht mit dem Schülerchor auf der Bühne. Alles wartet gespannt auf den Beginn der Darbietung. Zwei Stücke erklingen fehlerfrei. Beim dritten ist Bachmann irgendwie abgelenkt. Er verliert den Faden. Kann nicht mehr weiterspielen. Gleich wird es einen Abriss geben. Völlig durcheinander ruft Bachmann: „Weiter, weiter!" Und siehe da, die Kinder halten durch. Die Zuhörer glauben, das Stück gehe ohne

Instrumentalbegleitung zu Ende. So bleibt Bachmann eine Blamage erspart. Für die Buben und Mädchen ist es eine ganz neue Erfahrung, dass ihr Lehrer versagt hat. Als die Darbietung zu Ende ist, versammelt Bachmann seine Lieben um sich herum und erklärt:

„Ich bedanke mich ganz herzlich, dass ihr durchgehalten habt. Auf euch kann man sich eben verlassen. Ich lag völlig daneben. Ihr habt mich gerettet!"

Die Kinder freuen sich, dass sie ihrem Lehrer aus der Patsche helfen konnten. Für sie ist es eine interessante Erfahrung. Sie wissen nun, dass kein Mensch frei von Fehlern ist.

Gedicht zum Abschied

Der Mensch lebt nicht vom Brot allein,
Auch nicht von Schinken oder Wein.
Er braucht auch was für das Gemüt:
Ein gutes Buch, ein schönes Lied.
Drum bring‘ ich dir dies Büchlein schlicht,
Drin findest du so manch‘ Gedicht,
Das dir in jeder Lebenslage,
Hoffnung schenkt auf bess’re Tage.
Wenn das nicht hilft, dann wend‘ den Blick
Nach Feuerbach zu uns zurück.
Dort sagt man unter den Kollegen:
Günter, dein Wirken war ein Segen!
Drum freu‘ dich, dass ganz ohne Frag‘
Ein jeder hier dich gerne mag.

Anmerkung: Der Wirkungsort und der Name des Kollegen bzw. der Kollegin können beliebig verändert werden.

Verlagsinformation

Wir bieten neben bekannten und prominenten Autoren auch für noch unbekannte Erst-Autoren die ideale Plattform für Buchveröffentlichungen. Thematisch setzt sich der Verlag kaum Grenzen. Es werden sowohl von bekannten als auch unbekannten Autoren Bücher verschiedenster Themen veröffentlicht. Damit trägt der Verlag zu einer Bereicherung auf dem Literaturmarkt bei, kann so ein breites lesebegeistertes Publikum ansprechen und gibt damit den Autoren eine optimale und wirtschaftliche Lösung zur Veröffentlichung ihrer Buchmanuskripte. Ein Vorteil für die Buchautoren besteht unter anderem darin, dass Bücher, je nach Auflagenhöhe, im Verfahren „Book on Demand" (Digitaldruck) oder – bei höheren Auflagen – im Offsetdruck hergestellt und veröffentlicht werden können.

Joy Edition
BUCHVERLAG and more
BÜCHER · E-BOOKS · KARTEN · MAGAZINE · KALENDER

Joy Edition · H. Harfensteller
Gottlob-Armbrust-Str. 7 · D-71296 Heimsheim
Telefon 07033 306265 oder 306263
Fax 07033 3827 · Hotline 0171 3619286
info@joyedition.de · www.joyedition.de